JN069591

研究シリーズ　No.7

東アジアにおける仏教ソーシャルワーク
—中国仏教・台湾仏教編—
仏教ソーシャルワークの探求

監修
郷堀 ヨゼフ

編者
藤森 雄介

塩入法道　　依来法師
郭　　娟　　吉水岳彦
韓　暁燕
金　　潔
新保祐光
石川到覚

淑徳大学アジア国際社会福祉研究所
ARIISW（Asian Research Institute for International Social Work）

学文社
2021

刊行に寄せて

アジア国際社会福祉研究所最高顧問

長谷川　匡俊

　ベトナム国立社会人文科学大学 (ハノイ校) との共同研究に始まる，この間の東南アジアを中心とした国々との学術交流を通して，当方にもたらされる各国の調査報告の情報は大づかみで，かつ限定的なものではありますが，次のような印象を強く受けています。

　それは，今，現に仏教がより多くの国民の生活とコミュニティーの深部に息づいているとの感触であり，その中核的な役割を寺院や僧侶が担っているのです。別の言い方をすれば，仏教が，人びとの世界観，生命観，人間観，死生観，そして価値や倫理等に至るまで根底的に規定しているということでしょう。では，その仏教とは何ものかが問われねばなりませんが，それはひとまず措くとします。

　もしもこのような私の受けとめ方にそれほど大きな誤りがないとすれば，それに比して日本の場合はどうでしょうか。ここで私は，家庭と地域の環境にまつわる，興味深い例を取り上げてみようと思います。まず家庭です。かつて (第二次世界大戦前まで) 我が国では，「家に三声ありて，その家栄ゆ」という言葉が一定の意味をもっていました。一つに老人が唱える読経の声，二つに母親が台所で炊事をしながら子どもをあやしたり叱ったりする声，三つに児童の朗読 (音読) の声であり，この三声が聞こえてくる家は栄えるとされていたのです。ところがどうでしょうか，今やいずれも少数派になってしまいました。理由は省きますが，宗教的環境といったところでは，読経の声が聞こえなくなり，仏壇や神棚を中心とした家庭生活は，すでに成り立たなくなってきています。

　つぎに，地域社会の環境について考えてみましょう。これは私の造語ですが，先の「家に三声あり」になぞらえて，「地に三声あり」と言おうと思います。

一つは祭礼行事の際の鐘や太鼓，経文，祝詞の声，二つには共同作業における労働の歌声（その典型が民謡），三つには自治的な異年齢集団から構成される子ども組の遊びの声です。これらの三声も，高度経済成長期以降の村共同体の解体によって，多くは過去のものとなってしまいました。かつて，共同体の精神的な紐帯を成し，郷土における伝統や文化を守り続けてきた寺社の役割も変化してきています。

　このようにみてくると，生命観，人間観（対象者観），社会観，ケア観，方法論等を含む「仏教ソーシャルワーク」の理念型は別として，同じアジア圏にあっても，人びとの生活に仏教（寺院・僧侶を含む）がどれだけ浸透しているのか，その程度やありようが，各国の「仏教ソーシャルワーク」の質や性格を規定するのかもしれません。たとえば，「ソーシャルワーク」と宗教活動との関係，宗教的な目覚めや救いと「ソーシャルワーク」の関係，「ソーシャルワーク」における公私のすみ分けと人々の受け止め方，「公的ソーシャルワーク」と「仏教ソーシャルワーク」の関係（オーバーラップしている要素を含めて）なども問われてくるのではないでしょうか。

　さて，淑徳大学では，平成27年度から5カ年にわたる「アジアのソーシャルワークにおける仏教の可能性に関する総合的研究」が，私立大学戦略的研究基盤形成支援事業に採択されました。これにより従来の国際共同研究の枠を広げ，活発な調査研究と学術交流を展開しております。本書の内容はその貴重な成果の一つです。アジア国際社会福祉研究所の秋元樹所長をはじめ研究スタッフ一同のご尽力，そして本研究と執筆にご協力いただいた各国研究者の皆様とすべての関係者に深く敬意と感謝の意を表する次第です。

　本書は日本語版で，国内の仏教およびソーシャルワークの研究者向けではありますが，別に英語版も刊行されていますので，併せてより多くの皆様にご活用いただければ幸いです。願わくは，仏教をベースとしたアジア型「ソーシャルワーク」の構築に向けて。

合掌

はしがき

　本書は，「仏教ソーシャルワークの探求」シリーズ No.7 として刊行される，
東アジア地域のうちの一冊である。

　同シリーズはこれまで，「アジアのソーシャルワークにおける仏教の可能性
に関する総合的研究」のプロジェクトのうちの一つ，「アジアにおけるソーシャ
ルワークと仏教に関するリサーチ」の成果として，モンゴル，ベトナム，ラオ
ス，タイ，スリランカ，北米の各国（地域）のソーシャルワークと仏教に関す
る現状や事例，あるいは関連する調査や論考をまとめてきたが，これら，南ア
ジア，東南アジア，中央アジアと言った地域に属する国々はこれまでソーシャ
ルワークと仏教という複眼的な視点で論じられた先行研究は決して多くはな
く，その点でもユニークかつ意義のあるものであった。

　一方で，本書で取り上げた中国，台湾はいわゆる東アジア地域に属してお
り，先に上げた地域・各国に対して，仏教の社会的実践活動を福祉の視点で論
じた先行研究もあり（例えば，道端良秀『中国仏教と社会福祉事業』法蔵館，1967
年，等），仏教とソーシャルワークを論じる素地は十分にあった。

　そもそも，本研究プロジェクト全体の目的・意義は，以下の通りであった。

　本研究は，現在，ソーシャルワーク（以下，SW と略す）に関する定義や現状
認識について，一国を超えた国際機関の俎上において新たな揺らぎや問題提起
がなされる中，多くの社会問題に対応するソーシャルワーカーが求められる一
方で，現在も「専門職」としての確立が十分とはいえない日本を含むアジア地
域において，SW の代替的な機能を担ってきた寺院や僧職者の福祉的実践活動
を事例として検討することを通じて，SW における「価値」や「社会資源」と
しての仏教の可能性の探求を主たる目的としている。その成果は，これまで行
われてこなかった「仏教 SW」の体系化につながるものであり，SW とは異な
る価値や方法論を，日本を含めたアジアや諸国に提示することになると同時

iv

に，本来重視されるべき，各国の文化・価値観・歴史・習俗・習慣やその背景に存在する宗教を尊重したSWのあり方やその本質について分析や議論を行っていく，これまでにない切り口でアプローチが行える研究拠点の形成が可能になると考える。 （「研究計画書」より）

　このような考え方のもと，先行研究や「素地」はあるものの，この間，十分な調査研究が行われてきたとはいえなかった中国と台湾という東アジア地域のソーシャルワークと仏教について，直接現地に赴き，現状をレポートし，その可能性を探る端緒が開かれたことは，大きな一歩を踏み出せたと自負している。

　また，いわゆる「上座部」を中心とした南伝ルートの仏教とは異なる，北伝ルートの「大乗」仏教がどのような形で各地域に根付き，人々との信頼関係の中で連綿とした実践を行ってきたのかを検証する事は，「仏教ソーシャルワーク」の奥深さを理解する上でも大変重要である。そのような，仏教をキーワードとしてアジアを幾つかの地域とみる視点と伝播の連続性の観点から，本書では中国仏教と台湾仏教を合わせて一冊としている点を，予めご了承いただきたい。

　最後になりましたが，本研究の趣旨をご理解いただき，多忙な時間をやり繰りして現地調査や報告等をまとめていただいた，金潔先生，新保祐光先生，石川到覚先生，吉水岳彦先生をはじめとする，本書作成に関わるすべての皆様に深く感謝致します。

「アジアのソーシャルワークにおける仏教の可能性に関する総合的研究」

申請代表者　藤森　雄介

目　　次

資　料

中国の調査研究にあたって

新保　祐光

　本書は，淑徳大学アジア国際社会福祉研究所が中心となって行った「アジアのソーシャルワークにおける仏教の可能性に関する総合的研究」（平成27年度採択：私立大学戦略的研究基盤形成支援事業）の一部として，中国における研究成果をまとめたものである（中国と言っても南部の一部に限定されることをお断りしておく）。

　この成果は，本研究のなかで仏教ソーシャルワークを考えるにあたって仏教思想としてソーシャルワークに有用な可能性が示された「縁起」を強く感じさせる。「縁起」とは，現象はさまざまな要因が関連しあうなかで生まれてくるという考え方である。そう考えると，この成果を導くプロセス自体が仏教ソーシャルワークの体現ではなかったかと思えてくる。

　中国での調査では著名な高僧も対象としており，多忙であるにもかかわらず真摯に回答をいただいた。中国も日本と同様に西洋モデルを参考としたソーシャルワークが主流であり，仏教ソーシャルワークという概念のわかりにくさがあり，質問の意図を説明するのに苦慮するなかでのインタビューであったが，本当に丁寧に回答をいただいた。金潔と共に通訳者も何度も回答を聞き返し，理解の共有に努力する我々に本当に寄り添ってくれた。

　華東師範大学の先生方には，日本と中国をお互い何度か行き来するなかでお互いのソーシャルワーク研究，および専門職養成に関する熱い気持ちを共有でき，その結果として本研究でも第2章をご執筆いただくことになった。この交流から得られた知見，人脈はとても有用なものであった。

　この成果を導くプロセスにおいて，中国出身の金潔が中心となって，本研究が採択される前の2012年から大正大学社会福祉学科と中国でソーシャルワーク専門職の養成をしている華東師範大学との交流を深めてきた。この基盤があったからこそ，研究のデザインの検討，交流から得られた情報による調査先の選

定とコーディネート等が可能になり，本研究にとって有用なデータを得ることができた。

　浄土宗の僧侶であり仏教社会福祉学会で長年仏教ソーシャルワーク研究を牽引してきた大正大学名誉教授石川到覚が本研究に参画している。石川は，本研究事業参加のきっかけともなる淑徳大学との関係をもたらしたことはもちろんであるが，仏教ソーシャルワークの研究知見は，国内でのシンポジウムや中国での講演など，本研究事業のさまざまなところで示してきた。また，現地調査でもより深く聞き取ることを可能にする問いを提示した。

　また大正大学が天台，真言（豊山・智山），浄土の三宗四派が協力して運営されていることも大きい。そのため中国仏教の研究者である大正大学仏教学部教授塩入法道の協力が得られ，調査結果と中国仏教の特徴の親和性を示すことが可能になり，本研究の説得力を増すことができた。

　さらに新保祐光が天台宗の僧侶でもあり，また個人的に中国と関係する人たちとの縁があるため協力をいただいた。大前提として本研究の機会をいただいた淑徳大学には多大なる感謝を申し上げる。そのうえでこれまで挙げてきた人々の協力がまさに関連しあう，「縁起」のなかでできた成果である。すべての関係者に心から感謝申し上げる。

　本研究成果は，多様な人が関連しあうなかで生まれた成果なので，まだまだ統合しきれない，荒削りな部分も散見される。しかしこれは，仏教とソーシャルワーク，中国と日本，宗派のことなりなど，さまざまな異なるものが関連しあうなかでのことであり，これらをより洗練した関連にすることが今後の課題となるであろう。

第1章　中国仏教の概略と社会事業との関連

塩入　法道

第1節　中国仏教史の概要

　中国に仏教が伝来したのは，今から約2,000年前のこと。中国の広大な国土と長い歴史のなかで仏教も非常に多彩な発展をとげてきた。仏教が伝わった東南アジア・朝鮮半島・チベット・日本，さらには仏教の発祥地であるインドと比べても，思想的・文化的・社会的に最も多様で豊かな展開を見せたのは中国仏教ではなかろうか。現在でも儒教，道教とともに仏教は中国人の精神的な支えとなっている。

　中国仏教史の区分については，隋・唐・宋などの王朝の区分に沿ったもの，経典漢訳の歴史を基本にしたもの，仏教の思想の展開や社会との関係を背景としたものなど諸説があるが，ここでは便宜的に植物の成長に喩えて大まかに4段階に区分しておきたい。すなわち (1) 発芽双葉期：仏教伝来から鳩摩羅什以前まで（西暦1世紀〜4世紀末），(2) 生育繁茂期：鳩摩羅什から南北朝時代（5世紀初〜6世紀末），(3) 成熟開花期：隋唐時代（7世紀初〜10世紀初），(4) 落葉果実期：宋代以降（10世紀初〜）の4段階である。

1.1　発芽双葉期

　中国へ仏教が伝来したのは，「前漢の元寿元（BC2）年景盧が大月氏国の使者，伊存から浮屠（仏陀）経を口授された」という記事が文献上は最も信憑性が高いとされる。また永平8（65）年の明帝の勅に，その異母弟である楚王英が浮屠を信仰していたことが記されており，王族では英が最初の仏教信者であったといえよう。なお仏教の中国伝来に関しては，有名な明帝の感夢求法や白馬寺伝説などが伝えられているが，これらは後世，創作されたエピソードである。

　仏教が中国に広まるためには，経典の漢訳が必要であった。最初の漢訳経典

4

は白馬寺伝説にも言及されている『四十二章経』とされてきたが，これも伝承にすぎない。史実としては，安世高（146頃中国へ）の漢訳が最も古く『安般守意経』『陰持入経』等を翻訳している。その後，支婁迦讖（178〜189頃翻訳活動）が『般舟三昧経』『道行般若経』等を，支謙（222〜252頃翻訳活動）が『維摩詰経』『太子瑞応本起経』等を，竺法護（239〜316）が『正法華経』『光讃般若経』『生経』等を次々に漢訳した。

　この時代を代表する仏教者は仏図澄（？〜348），道安（312〜385）があげられる。特に道安は，異質な文化のなかで成立した経典の漢訳方法や内容理解について考察し，中国仏教の基礎を築いた。

1.2　生育繁茂期

　中国仏教の揺籃期。この時代は大量の経論の漢訳活動が進み，それらをもとに研究や実践が広く行われた。まず鳩摩羅什（350〜409頃）の業績をあげなければならない。西域出身の羅什は大小乗の仏教を学んだ後，数奇な運命をたどり長安に招かれ，国家的規模の漢訳活動に携わった。『妙法蓮華経』『大品般若経』『阿弥陀経』『維摩経』『坐禅三昧』『十誦律』『中論』『十二門論』『百論』『大智度論』『成実論』等を漢訳したが，その達意的で流麗な翻訳は，後の東アジアの仏教に多大な影響を与えた。また彼は漢訳ばかりではなく，空思想を中心とする大乗仏教の普及に尽力し，多くの門下を輩出した。

　実生活では女犯をしたとされる羅什とは一線を画し，江南の廬山に拠点を構えて独自の仏教を展開したのが廬山の慧遠（334〜416）である。彼は，伝来当初からいわゆる国家仏教的傾向の強かった中国にあって，初めて出家は国王を敬礼する必要はないと主張した。仏法と世俗法との対立である。また門下ともに白蓮社を組織し，浄土往生をめざした。

　なお，この時期には重要な大乗経典である『涅槃経』『華厳経』も漢訳されている。また60余歳でインドに赴き，14年にわたる現地での見聞を紹介した『仏国記』を著した法顕（〜420頃）も忘れてはならない。

　南北朝時代（439〜589）の約150年間は，漢民族の南朝と北方遊牧民の鮮卑

族が南北に対立し，それぞれの王朝も目まぐるしく変遷した時代であるが，羅
什の伝えた大乗仏典を中心に盛んに教学や実践が研鑽された。主に建康に都を
構えた南朝は宋・斉・梁・陳の各王朝が続いたが，諸皇帝による仏教擁護政策
がとられたため，仏教教理の研究が進み外国僧も多く訪れた。特に梁の武帝の
仏教帰依は徹底しており，多くの寺院建立や僧尼の養成を行うとともに自ら僧
侶と同じ生活をして，皇帝菩薩とも称された。この時代南朝に渡来した訳経僧
に『観無量寿経』を訳した畺良耶舎（？～442頃），『勝鬘経』『楞伽経』等を訳
した求那跋陀羅（394～468），『摂大乗論』等を訳した真諦（499～569）がいる。

　北朝は長安・洛陽・鄴などを都として，北魏・東魏・西魏・北斉・北周の五
代が続き，南朝と同様に概ね仏教興隆の政策がとられたが，その反動として北
魏の太武帝，北周の武帝による廃仏活動も行われている。これは国家と仏教教
団の葛藤や対立とともに，この時代，仏教に習って教団の組織化を成しとげ，
仏教の対抗勢力になってきた道教の影響もあった。北朝では南朝のどちらかと
いうと思想・教学面の発展に対し，実践面すなわち禅定が広く行われたとされ
る。後の禅宗の祖師とされる菩提達摩（達磨）も 6 世紀初頭，南越（ベトナム）
から南地を経て洛陽にやって来て禅を弘めたという。この時代に洛陽に来朝し
た訳経僧の代表として，『金剛般若経』『無量寿経論』『法華経論』を漢訳した
菩提流支（？～527）をあげておきたい。

　南北朝期を通して中国で研究された仏教学に教相判釈がある。インドで長い
年代をかけて成立した経典が漢訳僧によって，前後バラバラに中国に伝えられ
た。特に大乗経典は歴史上の釈尊とは直接的な関係はないのであるが，中国で
はすべて釈尊一代の説法と見なされた。すると，さまざまに形式や内容の異な
る経典をどのように解釈したらよいか，釈尊の真意は一体どこにあるのか，と
いう問題が起こってくる。これが教相判釈の始まりであり，唐代にかけて学僧
達によりさまざまに論じられることになる。それがそれぞれの仏教観になり，
宗派が成立する背景ともなった。またこの時代の後期には末法思想も提唱され
るようになったことを付け加えておく。

6

1.3 成熟開花期

　589年に隋が南北を統一し，後の唐代にかけて中国仏教は大きく成熟し開花することになる。この時代の特徴はなんといっても教学の深化と多様化，そして宗派の成立であろう。初期には三論宗・天台宗・三階教が，中期には法相宗・華厳宗・律宗・密教・禅宗・浄土教等が生まれた。宗派と言っても，日本における宗派（教団）とは異なり学問や修行の学派・グループに近いものである。インドから伝来した仏教は長い揺籃期を経て，ちょうど中国が統一されたように，ここに至って中国人自身の仏教として新たな成立をみたといってよいだろう。

　この時代の訳経僧としては，いわゆる「西遊記」で有名な玄奘（602〜664）がいる。漢訳に『大般若経』『瑜伽師地論』『成唯識論』『大毘婆舎論』『倶舎論』『解深密経』『大乗成業論』等があり，原典に則した精緻な訳とされる。なお彼の記した『大唐西域記』は世界三代旅行記のひとつともされている。またインドで新しく起こった密教経典も次々に漢訳されることになる。すなわち善無畏（637〜735）は『大日経』等を，金剛智（671〜741）は『金剛頂瑜伽中略出念誦経』等を，不空（705〜774）は『真実摂経』『理趣経』等を漢訳し，中国に密教をもたらした。

　隋唐の宗派については，ここでは簡単な紹介のみを述べておく。

　① 三論宗：羅什訳の『中論』『十二門論』『百論』を根本とする中観思想に基づく学派で，吉蔵（549〜623）が大成した。

　② 天台宗：天台智顗（538〜597）が『法華経』を根本として構築した。彼の講説した『法華文句』『法華玄義』『摩訶止観』は後の仏教に大きな影響を与えた。諸法実相や一仏乗の思想を説き，実践面では止観の実修を提唱した。その教えを日本にもたらし比叡山を開いたのが最澄である。

　③ 三階教：信行（540〜594）を開祖とする。末法思想を背景にして，民衆も対象に社会事業を含む独特な教えを展開したが，たびたび弾圧にあった。

　④ 法相宗：上述した玄奘のもたらした教えに基づき，慈恩大師基（632〜682）によって成立した宗派。阿頼耶識を立て一切は唯識であるとする。

⑤ 華厳宗:『華厳経』を所依として地論・摂論や唯識思想等も取り入れ,法界縁起の思想を展開した。唐代における最も有力な宗派で法蔵(643〜712)よって大成された。

⑥ 律宗:インドから伝来した『四分律』に基づき,戒律の研究と実践を旨とした。仏教史家としても有名な道宣(596〜667)が出ている。なお苦難のすえ日本に渡来した鑑真はこの流れをくんでいる。

⑦ 密教:上述したように善無畏・金剛智・不空により,インドの最新の仏教である本格的な密教経典が翻訳されると,長安を中心に密教が盛んになった。印を結び真言を唱え,即身成仏を説く教えで,最澄・空海等によって日本に伝承された。

⑧ 禅宗:南北朝の達磨を開祖とするが,宗派として大きく展開するのは唐代である。第六祖の慧能(638〜713)が代表であり,不立文字・教外別伝等を提唱する。仏教の中国化としては禅宗の発達が最も著しいとされる。

⑨ 浄土教:浄土三部経の思想に基づいて念仏往生を説く浄土教は善導(613〜681)を中心に成立されたが,その他力思想は日本の浄土教にも影響を与えた。

この百花繚乱のごとき隋唐の仏教は,一方で国家仏教の側面も強い。儒教・道教との軋轢はあったが,唐末期の会昌の廃仏を除いて概ね王朝に庇護されて発展したといってよい。また仏教の社会的役割の増加にともない,大規模の諸法会が流行し,俗講と呼ばれる俗人に対する布教も行われた。敦煌・雲岡といった石窟寺院の仏教美術のピークを迎えたのもこの時代である。

1.4 落葉果実期

宋代は仏教の転換期といわれる。すでに唐末期にはインド方面からの経典の伝訳もなく,天台・華厳といった仏教哲学の完成を見た後,新たな独創的な思想が生まれることもなかった。大蔵経の開版が大々的に行われたが,仏教研究は訓詁学的になり活発さが失われていった。しかし仏教自体が衰退したわけではない。むしろ果実の種が土に落ちるように,中国人のなかに仏教が浸透し,

仏教が民衆にとってある意味で生活に密着した教えになっていく過程であった。なお唐末以降，中国民衆の好みとして根づいた仏教は禅と念仏が中心であり，今に至っている。宋の後，金・元・明・清と中国王朝は続くが，仏教に関して注目すべき大きな動きはなかった。最後に現代の中国仏教に関して少し触れておきたい。

1949 年，中華人民共和国が誕生したが，共産主義国家であり特に文化大革命の動乱期には宗教は否定され，仏教も弾圧を受けた。寺院は工場や学校になり仏像も破壊され，多くの僧侶が還俗させられた。中国では仏教史上 4 回の大規模な法難・廃仏があったが，それに準ずるものであった。しかしその後は人民のための仏教として融和政策がとられ，寺院の復興も始まる。1982 年の改正憲法では信教の自由がうたわれ，それに先立つ 1953 年に結成された全国組織である中国仏教協会を中心に，地方の仏教協会によって寺院の改修や新設が盛んになった。僧侶養成や教学研鑽に関しては，各地に開設された仏学院がその役を担い，近年は北京大学等でも盛んに仏教学の研究が行われている。

第 2 節　中国仏教の特徴と役割り

前節で述べたように多彩な中国仏教の特徴を一言で述べることは難しいが，インドと異なり著しい特徴として，国家仏教を形成したことがあげられる。現実主義的傾向の強い中国人は，仏教本来の瞑想的，超越的思考を受け入れつつも，現実の国家（王朝）の繁栄や利害と関係をもたざるを得なかった。各王朝による仏教擁護と廃仏は表裏一体のものであった。国の目的に叶えば利用され，そうでなければ弾圧された。もっとも上述の通り廬山の慧遠などが出家は国王を敬礼する必要はないとし，出家者は国家の埒外にあることを主張したように，仏法と王法の隔離や対立もみられたが，その是非はともかく総体的に仏教は国家の枠内に取りこまれ，国家のため国王のために奉仕することを余儀なくされたのである。日本・朝鮮半島などはこのモデルをそのまま輸入したといってよいだろう。

　また中国仏教は東アジアに広く漢訳仏教圏を形成した。中国では漢訳が済むと原典は破棄されてしまい，一部の密教系陀羅尼以外は，もっぱら漢文で読誦され，研究されてきた。漢訳仏教圏は朝鮮半島・日本・台湾はもとよりベトナムにまで及ぶ。政治の面でも中国の影響が大きかった国々であるので当然かもしれないが，日本ではいまだに漢訳経典を伝来当時の中国語の発音に準じて読誦しているのである。

　さらに中国における仏教と中国古来の信仰から起こった道教との関係は，対立しながらもやがて習合していく。これは仏教の中国化でもあろうし，中国の仏教化でもあろう。その過程において異なりはあるが，日本の神仏習合とも通じる宗教現象である。このように中国仏教は釈尊の仏教や後のインド仏教とはかなり異なった性格を帯びながら，周辺諸国に大きな影響を与えてきたのである。

第3節　中国仏教と社会福祉事業

　このことについても長い歴史をもつ中国仏教全体に関して，いちいち取り上げることは困難なので，一例として福田・悲田思想について述べておこう。福田とは善い行為の種子をまいて功徳を得ることを田畑に喩えたものである。もともとは釈尊を福田として尊敬し帰依したとされ，布施や供養する人が悟りを得る種（原因）を植えることであった。仏教は出家者の教えであり，世俗のことには関わらないのが本来のあり方である。中国でも総体的には国民との結びつきは強かったが，個々の僧侶は方外の士として実社会とは距離をおくことが当たり前のこととして考えられていた。しかし一方で大乗仏教においては，菩薩の慈悲に基づく利他行が重んじられることから，福田思想は仏教の社会貢献や福祉活動の背景として重視されるようになった。そしてこの福田は実社会への適応においていくつにも分類されることになるが，そのひとつが悲田である。

　悲田が具体的な形をとったのが唐の則天武后の頃に設置された悲田養病坊で

ある。それ以前から悲田は行われていたようであるが明確ではない。悲田養病坊は悲田・療病・施薬の三院を兼ねたものであり，詳細は不明ながら主に僧尼が管理運営していたようだ。もちろん慈悲の精神によるものであるから，見返りを求めない無私の行為であることが原則であった。唐代以降このような貧窮者や病人を救済する福祉施設が，各地の寺院を中心に設置されていた。日本においても四天王寺に敬田・悲田・施薬・療病の四院が設けられ，また光明皇后も東大寺に悲田院・施薬院を開設している。おそらくは中国仏教の影響のもとに行われた福祉事業であったろう。なお国家仏教色の強い中国では，国や地方権力と連携する形での社会事業が行われることが多かったと考えられる。

参考文献

道端良秀(1985)『中国仏教史全集』第十一巻，書苑.
鎌田茂雄(1982)『中国仏教史』第一巻，東京大学出版会.
鎌田茂雄(2001)『新　中国仏教史』大東出版社.
平川彰(2006)『インド・中国・日本　仏教通史』春秋社.

第2章　中国における社会福利[1] および社会工作教育の歴史と現状

郭　娟

韓　暁燕

第1節　中国の概況および社会保障の基本状況

　中国はアジアの東部，太平洋の西側に位置し，面積は約960万平方キロメートル，東部と南部の海岸線は1.8万キロメートル，内海と辺海の水域面積は約470万平方キロメートルである。海域は7,600島に分布し，そのうち台湾が最大の島で面積35,798平方キロメートルである。また中国は14ヵ国と国境を接し，8ヵ国と海上で隣り合う。さらに中国の行政区画については，4つの直轄市，23の省，5つの自治区，2つの特別行政区がある。首都は北京である。中国には56の民族，多言語，多方言，多文字がある。国家の共通言語・文字は普通語と規範漢字である（中華人民共和国中央人民政府網　2019）。

　2018年末に中国の総人口は13億9,538万人[2] で，そのうち都市部人口は8億3,137万人[3] である。2018年度のGDPは900,309.5億元であり，前年度より6.6％増加している（中華人民共和国国家統計局網　2019）。

　全国民の一人当たり平均可処分所得は28,228元で，前年度より8.7％増えたが，物価変動を含めて計算すると，実質6.5％増であった。

　中国では，基本養老保険や基本医療保険，失業保険，労災保険，生育保険（出産保険のこと，本文の訳にあたってはそのまま中国語の生育保険を使う）の5つの保険の加入者が毎年増加しつつある。それぞれの現状は以下のようにあらわす

---

1)　中国における「社会福利」の概念を尊重し原語のまま用いる。詳細はp.51の訳書注を参照願いたい。

2)　総人口には中国人民解放軍の現役軍人が含まれるが，香港やマカオ，台湾の人口は含まれない。

3)　城鎮人口(都市部人口)には中国人民解放軍の現役軍人が含まれる。

ことができる。

　1つ目の養老保険であるが，2018年末において，都市従業員基本養老保険の加入者数は4億1,848万人で前年度より1,555万人増加した。また都市と農村の住民基本養老保険の加入者数は5億2,392万人で全年度より1,137万人増加した。

　2つ目の医療保険については，基本医療保険の加入者数は13億4,452万人で前年度より1億6,771万人増加した。そのうち，城郷居民基本医療保険の加入者数は8億9,741万人で前年度より2,382万人増加した。

　3つ目の失業保険については，失業保険の加入者数は1億9,643万人で前年度より859万人増加し，2018年，末全国において失業保険の受給者数は223万人であった。

　4つ目の労災保険については，加入者数は2億3,868万人で前年度より1,145万人増加し，そのうち，農民工としての加入者数は8,085万人で前年度より278万人増加した。

　5つ目の生育保険については，加入者数は2億435万人で前年度より1,135万人増加した。

　中国は最低生活保障（日本の生活保護に相当する）の受給者と特困人員[4]に対する救済を重視している。その特徴は，以下の3点であらわすことができる。

　1つ目は，2018年末，都市居民最低生活保障制度の受給者数は1,008万人，農村最低生活保障制度の受給者数は3,520万人で，農村特困人員の救済の受給者数は455万人であった。

　2つ目は，臨時救済[5]を受給する者の数は1,075万人であった。4,972万人が基本医療保険の加入に際して援助を受け，また医療救助の受給者数は3,825万人であった。

---

4)　特困人員とは，労働力がない，生活生計がない，法定の扶養者・扶養義務者がないあるいは扶養者の履行能力がない農村高齢者，障害者，16歳未満の未成年者を指す。

5)　臨時救済とは，突然の事故，予想外傷害，大病あるいはその他の特殊な原因による最低限の生活ができない状態に陥ってしまう人々に対して国家が行う救済のことである。また，その他の救済制度がカバーできないあるいは救済後に依然として生活が困窮している家庭・個人に対する応急救済，過渡的救済を指す。

3つ目，優遇制度[6]の受給者は 861 万人であった。

最後に社会福祉サービスの状況をみる。2018 年末，全国で宿泊を提供する社会福祉組織は 3.3 万ヵ所，そのうち養老サービス機構は 3.0 万ヵ所，児童サービス機構は 664 ヵ所であった。また，社会福祉サービスのベッド数[7] は 782.4 万床，そのうち養老サービスベッド数は 746.3 万床，児童サービスベッド数は 10.4 万床であった。さらに，社区サービスセンターは 2.7 万ヵ所，社区サービスステーションは 14.5 万ヵ所であった（中華人民共和国国家統計局網 2019）。

引用文献

中华人民共和国中央人民政府网，2019，《国情》http://www.gov.cn/guoqing/index.htm
7 月 20 日。
中华人民共和国国家统计局网，2019，《人口基本情况》http://data.stats.gov.cn/tablequery.htm?code=AD03，7 月 20 日。
中华人民共和国国家统计局网，2019，《2018 年国民经济和社会发展统计公报》http://www.stats.gov.cn/tjsj/zxfb/201902/t20190228_1651265.html
7 月 20 日。

第 2 節　中国における社会福利の歴史および現状

2.1　中国における社会福利の定義および概況：広義と狭義の社会福利，制度と仕組み

国内外の研究を結びつけながら，中国の社会福利の定義を検討するなかで，多くの研究者が社会福利には広義と狭義があると指摘している。狭義の社会福利とは，特定の社会群体を助けて社会病態を救済することを目的とするサービ

---

6)　優遇制度は，公傷病者・戦病死者およびその家族，退役軍人，その他の優遇対象に対する優遇を出す制度である。
7)　社会福祉サービスのベッド数は収容施設のほか，救済機構，社区機関および軍休所，軍供駅などの機関のベッド数も含まれる。

スであり，その内容は経済保障を中心に提供する，社会救済の意味も含んだ内容である。広義の社会福利とは，政府や社会団体，企業，公的機関における救済金の分配，現物給付，サービス提供などの形で，社会成員を助けて，彼らの物質的・精神的・文化的ニーズを満たし，生活の質を向上させるために採られた政策および制度を指す（田毅鵬 2017; 韓克慶 2011）。

　王愛平氏は対象と内容の2つの角度から社会福利を以下の4つに整理した。

(1) 救済型社会福利：少数の者の基本ニーズを満たす，低保障・低カバー率型である。例えば，頼りのない高齢者や障害者，児童への介助およびサービスが挙げられる。

(2) 保障型社会福利：大多数の者の基本ニーズを満たし，低保障・高カバー率型である。例えば，社会成員の教育や仕事，健康，老後，居住などのニーズに対する福祉サービスが挙げられる。

(3) 享受型社会福利：少数の者の特別なニーズを満たし，高保障・低カバー率型である。例えば，都市と農村の二元化に基づき城鎮居民，特に公務員に対して居住や教育，生活福利，集団福利などの優遇を提供することが挙げられる。

(4) 発展型社会福利：多数の者の特別なニーズを満たし，高保障・高カバー率型である（王愛平 2013）。

　また，「社会福利は社会保障体制のなかの社会福利制度として位置づけられ，全国民のための公共的社会政策である。それは，人々の精神に充足した生活の増進と，全面的な発展を中心とした内容であり，社会成員の福利ニーズを満たせることと，国民の生活の質を向上させることを目標とし，政府主導の社会メカニズムによって適切なサービスおよび手当を提供するものである。それは，高齢者や女性，児童，障害者などの福利のほか，教育と住宅も含まれる」と鄭功成氏が指摘している（鄭功成 2011）。この定義は近年，中国の研究者が望んでいる普恵型社会福利のパターンにも当てはまる。

　周良才は，竇玉涛らの論点を検討したうえで，中国における社会福利制度の枠組みを整理した。そのなかでは 1 つの制度を基盤に，社会保障，社会救済，社会福利サービスという 3 つの体系をもち，資金とサービスの 2 つの供給方式があり，政策の確保，財政の支持，社区の実施という 3 つの保障措置からなるとしている。そのうち，社会保障体系には基本養老保険，失業保険，基本医療保険，労災保険，生育保険がある。また，社会救済体系には都市居民最低生活保障，災害救済，貧困救済，緊急的救済がある。さらに，社会福利体系には優遇制度，高齢者社会福利，障害者社会福利，児童社会福利がある（周良才 2008）。

2.2　春秋戦国から明清時代における社会福利思想

　中国の現代社会福利制度は，欧米先進国の理念と制度を参考にしてつくられたものである。中国における社会福利思想は，強い「早熟性」の特徴をもっている。中国における最も影響力のある社会福利思想は，すでに春秋戦国時代に示されており，その際に基本的な仕組みが形成された。その後の社会福利思想の発展は，当時の内容を基盤にして展開してきている（田毅鵬 2017）。

　また各時代の統治者は，その時代の経済発展を背景としながら，政治統治と社会安定のために一連の社会福利の措置を行った。このことが，中国の社会福利の来源と実践の基礎となっている。以下筆者は，文献を用いて春秋戦国時代から明清時代までの社会福利思想およびその実践を整理した。

1) 春秋戦国およびそれ以前における社会福利：養老送死，百家争鳴

　新石器時代の頭骨および墓穴などの文物と文字記録に基づく考察によれば，「養老送死」は，大昔の環境条件のもとで生まれた，生命に関わる認識と社会福利思想に関する具体的な知識である。養民は徳政と善政の根本的なものであり，送死（看取り）は大切なことである。夏商周時代に記載された社会福利に関する文字記録によれば，民衆への救済と徳性の養成は君子の責任として認められていた。文王（周）時代では「敬老慈少」（高齢者を尊敬し，児童を愛護すること）の徳政を執行した（王子今・劉悦斌・常宗虎 2013）。

　春秋戦国時代は，思想家が百家争鳴の時代でもあり，この時期の諸思想のなかに社会福利の内容を包含し，社会福利の発展史においては独自な位置付けがされる。

　孔子は儒家の代表的な人物であり，「仁」を核心とする社会思想体系を構築し，「均無貧」「汎愛衆」「薄賦斂」「富民」「恵民」などの社会福利思想を主張した。孔子は『礼記・礼運』において「大同」と「小康」という論説を出したとされる。「大同」とは老有所終，壮有所用，幼有所長，矜寡孤独廃疾者，皆有所養（老年の者は安心してその生を終え，壮年の者はその才能に従って尽力し，幼年の者は健やかにその成長を遂げ，孤独で身寄りのない者や障害のある者はだれもが十分にその身を養うところがあった）という孔子が憧れる社会形態を指す。「小康」とは「各親其親，各子其子」（自分の親だけを親とせず，自分の子だけを子とはせず，他人と家のように接する）という社会を指す。だが，孔子はこれが礼を反して，君王の統治地位が失われ，民衆に唾棄されると主張する。これらは社会福利思想の基本概念を定め，理論的体制を構築した。また，孟子は儒家思想のもうひとりの大乗的な人物であり，「人性善，民為貴」（人には善の兆し＝善となるための兆し＝が先天的に具備している）（「仁義永智」という4つの徳を顕現させる民為貴＝人民があって国家であり，民が一番大切）を主張し，宣王（斎）と王道・徳政を討論する際に「老吾老以及人之老，幼吾幼以及人之幼」（自分の親や自分の子どもを養うように，他人の親や子どもを養う）を謳えた。孟子は鰥寡孤独，特に高齢者に関心をもつことを提唱し，それが仁政の基礎となることを認める。社会福利の起源においては，孟子の社会福利思想が重視される（田毅鵬：2017；王子今・劉悦斌・常宗虎 2013）。

　老子は道家学派の創立者であり，血縁関係・人倫によって社会的矛盾を美化するという儒家と違い，自然的な方法によって世俗的な紛争を扱うことを主張した。また，老子は「天道均平論」を提唱し，「天人各自独立，天道均平，人道もこのようである」と認める。統治者が過度的に搾取しないようにと忠告し，「甘食美服」（生活を満足すること）という理想的社会福利の指標と，「小国寡民」（国が小さく，人口が少ないこと）という理想的社会の様子を描いた。

　墨子は墨家学派の代表的な人物であり，小規模生産者を代表する。彼は無差別平等の「兼相愛」を主張し，人間同士の間では「兼愛」と「交利」(互いに利益を与え合う) を切り離せないため，民衆に「衣食生利」を与え，利民愛民，賑災備荒を主張する。

　韓非は法家学派の代表的大家であり，「性悪論」と「自為論」を提唱し，「反済貧論」「貧富分化合理論」などを主張しており，国家が国民に基本的な社会保障を提供することに反する。合理論は体系が整備され，当時の社会においては現実的な意義があると考えられる。

　『管子』では，「倉廩満ちて礼節を知り，衣食足りて栄辱を知る」と「愛之，利之，益之，安之」という言論が書かれた。また，安老 (長老という職を設け，老人を安置する仕事に勤める)，慈幼 (子供が多く，負担が重い家庭のために，保有食糧を配給し，介助する)，恤孤 (孤児を介助する)，養疾 (障害者を介助する)，合独 (鰥寡孤独者を介助する)，問疾 (患者や重篤者を見舞う)，通窮 (ホームレスを救済する)，振困 (凶作を救済する)，接絶 (国君はお金を出して，国のため戦死した士兵に記念祠堂を建てる，現行の社会優遇に相当する) という 9 つの社会福利施策を作成した。さらに，調査統計の方法を用いて社会福利問題を発見，研究することを提唱した (田毅鵬 2017：王子今・劉悦斌・常宗虎 2013)。

2) 秦漢および魏晋南北朝時代における社会福利：無為，形而上学，仏教および機構の設置

　秦が六国を統一した時代の『呂氏春秋』は，道家学説を主な内容とし，儒家学説を宣伝の形で用いた。秦が戦後に「治乱存亡」(国家の安全，混乱，存続，滅亡などの状況)「無為而行」を行っていたが，暴政を称える時代においては社会福利は実現できなかった (王子今・劉悦斌・常宗虎 2013)。

　漢王朝の初期において，封建統治者は社会階級の矛盾の緩和，社会経済発展の回復のため，「無為而治」(人為によらずに天下を治めること) を極力主張し，「安老懐少，恤鰥慰寡」という社会福利政策を実行した。西漢時代の前期における国庫の空虚，民衆が困窮な状態という社会的背景下，賈誼と晁錯は「貴粟

救荒論」を提唱し，充足の食糧備蓄は，社会救済や備荒，戦争の前提条件となることを主張した。宣帝（漢）の時代の大司農中丞（役職の１種）として，耿寿昌は常平倉制度を創った。この制度は，国家が農産物の豊年と凶年の価格差を通して食糧を売買し，市場を安定させることにより，貴穀賤金（金よりも米穀を重んじるべき。物価安定のため）を防ぐ，あるいは商人による農民の搾取を防ぎ，戦争に備えるものである（田毅鵬 2017）。

　魏晋王朝では，社会は大きな分裂と混乱に置かれ，「形而上学」の思想がその背景下で生まれた。社会福利思想について嵇康・阮籍が出した，「理想社会論」と「養生論」は大きな影響をもたらした。彼らは，君臣に関わらず万物が自立・自決する社会のことと，養生には自らの生命の目的を深く知り，（生活を）満足することを提唱した。また，統治者の「民衆の服従を強いて，君王自らの私欲による天下の利益占拠」に反対した（田毅鵬 2017）。

　南朝においては「六疾館」と「孤独園」が創られた。「六疾館」は，困窮者を救済する「半官半民」の民間慈善組織である。六疾とは寒，熱，末，腹，惑，心という６種の疾病，これらは陰，陽，風，雨，晦，明とそれぞれ対応しあい，その後各種の疾病を汎称する。「孤独園」は武帝（梁）の時代につくられ「単・老・孤・稚など自力で生存できない者」を受け入れた園であり，生活必需品を支給する救済制度を郡県に求めた（王子今・劉悦斌・常宗虎 2013）。

　北考文帝（孝）時代においては，社会福利にまつわる善政を実施した。この善政には 78 項目があり，例えば，高齢者を敬い養う，戦死した軍人の家族を優遇する，鰥寡孤独を救済し，疾患を治療する，障害者を扶助するなどが挙げられる。善政の実施を通して民心を得て社会改革への支持を得る効果があった（王子今・劉悦斌・常宗虎 2013）。

　また，東漢時代においては「救危恤患，分災共慶」という民間互助が行われ，「仁・義・信」の美名を勝ち得た（王子今・劉悦斌・常宗虎 2013）。

　魏晋時代以前における社会福利は，主に家族と封建王朝を実施主体として行われていたが，魏晋戦乱後，帝権がだんだん弱まっていた。西漢時代において，仏教が中国に伝来するとともに，寺院は新しい社会福利の実施主体として，慈

悲・喜捨・因果応報・福田などの仏教思想に基づき，被災者の救済，政府の委託事業としての災害時の救済，疾病の治療，高齢者の収容などの社会福利的事業を行った。寺院は，家族血縁と政府を超え，民間公益事業の社会化に参入している。しかし，教義と信仰からの制限があるため，仏教が実施していた社会福利は，間接的に個人を助けることを核心的な内容としている（田毅鵬 2017）。

3) 隋唐，五代，宋元時代における社会福利：君民同治，義倉，救助

　文帝（隋）の時代では「義倉」が設立され，唐の時代まで持続した。最初，民間伝統的組織である「社」を主体として，洪水と干ばつの時の救援物質を提供できるよう，当社の成員に穀物の寄付を募った。その後，運営主体は社から政府に移った（王子今・劉悦斌・常宗虎 2013）。

　唐の初期，眞観君臣は道家学派の「無為而治，清浄無為」（俗世間に染まっていない）という観念を採用し，「君無為則人楽」（君無為なければ即ち人楽み＝君主が欲望が出なければ民衆は楽でいられる）を提唱した。彼らは「君民が互いに依存する」，つまり，君王は民衆を大切にして，民衆を休ませ，民生を改善するという社会福祉思想を主張した（田毅鵬 2017）。また，唐の時代においては社会弱者を救済することが官吏の責任となっており，『唐律』では，「老小重疾」の罪を軽減することが記載された。玄宗（唐）開元時代においては，京城で「悲田養病坊」が設立された。具体的な運営方法として，寺院は戸ごとに粟を60斛寄付してもらって保管し，被害時に被災者を救済する。武宗（唐）時代において養病坊は，政府を運営主体として，より多くの人を収容して「孤窮寡病」を救済し，官銭の利子（基金を相当する）を社会福利の費用に充てた。『敦煌社邑文書』では，唐の時代の社会成員同士の間の互助について記載されている。これは政府と宗族以外の民間互助であり，「苦・貧・災・難・危・死」を互いに助け合い，そのうち，もっとも軽いのは「養生」であり，最も重いのは「送死」である（王子今・劉悦斌・常宗虎 2013）。

　高齢者を礼敬することと，鰥寡孤独者を恤救することは依然として宋元時代の社会福利の措置である。その他，宋時代では常平倉と義倉のような措置を継

承しており，「広恵倉」を設立した。「広恵倉」は州県内の困窮者を救済することを直接的な目的とし，余裕があれば県外の救済を行う。郡県の治安を維持することを最終的な目的としており，当初は司法部門が所管していた機関である。また，仁宗（宋）の時代においては薬局による患者の救済を定め，その後，政府が出資して薬物を給付するようになり，それが徳政の標本となっていた。さらに，徽宗（宋）の時代において政府は，困窮患者を収容する無料病院と位置付けられる「安済坊」を設置した。「安済坊」は僧を運営主体とし，医者も記録し，年末に業績が（政府から）評価される。同時に，「居養院」と「漏澤園」が設置され，それぞれが乞食の救済とホームレス死者の葬式を行った。そのうち，「居養院」は，救済のほか孤児・困窮児を入院させ，救済の範囲としては生存権から教育権に拡大した。また，災害にあった場合あるいは感染病が流行した年において，宋王朝は医者を派遣し，薬物を提供して救済を行った。さらに，宋代においては，社会の下層階級にサービスを提供する機関である「恵民局」が設置され，元時代まで存在しており，元代の疫病が流行した際に疫病の治療に役立った。元時代の軍隊のなかには，負傷した軍人を治療する機関として「安楽堂」が設置された（王子今・劉悦斌・常宗虎：2013）。

4）明清時代における社会福利：家天下，農宗論，新しい「大同」

　明太祖朱元璋は社会的矛盾を緩和し，社会秩序を維持するために，「安養生息」の「恤民論」と「養老済困」の社会救済思想を提唱した。林希園は中国古代の救済思想の代表的な人物であり，『荒政叢言疎』を編纂し，救済事業をまとめて新たに創り直した。明時代の後期において王艮・李贄は「百姓日用即道」と「衣食住は人倫物理である」という命題を打ち出して，「人欲」（人の欲求）の合理性を肯定し，民衆の基本的生活に関する欲求が当然であり，合理的であり，「天道」（帝王）に反しておらず，統治者がそれらを満足すべきであると指摘した。また，何心隠は故郷で「聚和堂」を立ち上げた。「聚和堂」は君主統治を前提とし，宗族を基礎的機関として，義務教育を行い，宗族の経済活動を運営する体系化，分業化された組織であり，理想社会を実現するための郷村建

設の試みであった。顧炎武は「寓封建於郡県之中」の「親民論」を提唱した。
彼は，地方の官吏は，任期が短すぎると地方の事業と自分の利害関係が少ない
ため，仕事になかなか注力しない。もし県令は「私其百里」，すなわち「百里
之地」（県域を指す）を自分の私産とみなしていけば，全精力を傾けて地方をよ
く統治して，そして天下が「大治」に達すると説いた。しかし，君主専権の背
景下で「親民論」は実現できなかった（田毅鵬 2017）。

　明代において，各地の郡県では「養済院」が設置され，身寄りのない者を救
済していた。だが，地方の最高執政者は朝廷の恩恵を有意に誇り，パフォーマ
ンスのような性質を有するため，一連の政策が有効に実行できなかった。また，
明時代では「助官賑民」という方法を扱い，すなわち，社会福利事業は民間の
実力者からの支持を得て，救済の範囲と程度が引き上げられた。明時代では病
疫が流行したため，政府は「恵済倉」を設置して民衆を救済していた。また，
明時代においても尊老を提唱し，政府が認めた老者に「以教小民，決小訟」と
いう権力を与えた。これはいずれにしても政治体制を安定させるのを前提とし
ている（王子今・劉悦斌・常宗虎 2013）。

　清代における社会福利の機関は「家天下」という思想に基づいて設置され，
官が設置するのを主とし，民が設置するのを補助とした。養済院やライス工場，
宿泊所は政府が孤貧と困窮者に衣食を提供する施設である。育嬰堂と普済堂
は，政府もしくは民間が設置した施設であり，その後に政府の援助と所管対象
に組み入れて公的施設となっていた。また，政府は官吏，郷紳，士民の社会福
利事業への寄付活動を称賛，激励し，彼らが社会福利事業の主体と認めていた。
後期，政府の社会経済と社会の統治力が大幅に弱まり，社会福利に対するやる
気があるが力が伴わない政府に代わり，外国の教会が中国内でたくさんの社会
福利事業を興していた。清代における福利施設は「養」（養護）が中心的な救済
形式であったが，清代の末期から，外国教会福利施設を参照しながら「養・教・
工」などの多面的な救済形式を展開していた。清代における救済は生活力のな
い人々を支援対象とし，彼らの最低限の生活水準を維持することを救済基準と
していた。一方，貧困の普遍化と財政の制限のために多くの困窮者を救済する

ことができなかったという課題がある（王子今・劉悦斌・常宗虎 2013）。

　龔自珍は，封建社会末期の貧富格差の社会問題という背景のもとで「農宗論」を提唱した。「農宗論」は宗法家族関係によって流民問題を解決し，「宗族社会福利保障」を実現する措置である。また，洪秀全は太平天國運動のなかでキリスト教の平等思想と儒家の大同思想に依拠し，「有田同耕，有飯同食，有衣同着，有銭同使」（畑も飯も服もお金もすべてシェアすること）という労働者平等社会の確立を狙ったが，当時は実現できなかった。洪仁玕は『資政新篇』中で太平天國における資本主義綱領を制定し，近代国家は工業や農業，鉄道，銀行のほかに独自な社会福利事業を有すべきだと主張した（田毅鵬 2017）。

　19世紀後半，早期の維新思想家は社会福利問題を国家統治の戦略として，西洋社会福利制度と中国の伝統的な大同思想を結びつけ，中国の国情に適合し，かつ人類社会の発展動向にあう新たな社会福利保障モデルを構築し，中国古代の大同思想を新たなステージと移行させた。康有為は『公車上書』のなかで，「恤窮」と農業，工業，並びに商業の4つは重要な政策であり，救国は「扶貧済弱」から始めなければならないと説いた。彼は『大同書』のなかで，中国の伝統的な宗族福利保障モデルが狭隘的であり，生育や教養，老病，死別などを社会福利事業に取り入れ，「公養・公教・公恤」という社会福利保障制度を策定していけば，人間が本格的大同を実現することができると主張した。梁啓超は，19世紀後半からの国外・国内の学界が中国社会の見方に関する研究を概観したうえで，中国伝統社会の独自の「構造原理」と「結群規則」を探究し，それの社会福利事業への影響も検討した。こうした上で，彼は中国社会の特質を深く認識した。

2.3　中華民国時代における社会福利

1）民生，民間，法規などの理念および活動の発展

　中華民国時代は，1912年から1949年の中華人民共和国成立までの期間を指す。孫中山は1911年の辛亥革命をリードし，「三民主義」を提唱し，「民生主義」の理論的体系を構築した。彼は民生を国民の生計と定義し，「家給人足，四海

之内，無一夫不獲其所」(すべての家庭や人びとの生活が豊かで誰もが土地を獲得する権利をもっている) を理想的な目標と定め，労働者の生活と生命に関心を寄せていた (田毅鵬 2017)。

民国初期においては，清代の社会福利機関と施設を保留し，社会福利が当時の基本的な国策のひとつと位置付けられた。北洋軍閥時代においては，現有の公的機関を維持し続けたため，民間福利事業への現金給付が限られており，その時期の社会福利事業があまり発展しなかった。1915 年，浮浪者への教養と非行少年への感化のために「遊民習芸所章程」が制定された。また，この時代にはたくさんの慈善家がいた。例えば，張謇，熊希齢が挙げられる。張謇は退官した後福利事業と教育に専心し，西洋教会が設置した国内の福利機構のやり方を学び，南通市に育嬰堂，養老院，食事院，聾唖学校，盲唖師範伝習所，貧民工場，宿泊所などの施設を設置し，臨時救助活動を実施し，全国的に大きな影響をもたらした。熊希齢は，災害・凶作の救済活動に積極的に参加し，香山で慈幼院を設立した。慈幼院には健全な運営管理体制が整備され，運営と教育の部署があり，児童が良い保育と教養を得られるよう保障し，教育方針として農業教育や郷村教育，社会貢献を定めた。そのうち，教育部署は乳幼児，小学校，中学校，職業の専門学校，大学のように細分化され，それぞれの所管機関があり，主任責任制が実施された (王子今・劉悦斌・常宗虎 2013)。

国民党政府は社会福利を非常に重視した。社会福利の内容は孫中山が制定した「国民政府建国大綱」のなかに記載され，国民党第一次全国代表大会の宣言のなかで発表され，蒋介石は政権を握った後社会福利を引き続き重視し，全国代表大会で社会福利に関する議案を何度も通過させた。国民政府成立後，内政部民政司は中央政府のなかに社会福利を所管し，省レベルでは民政庁が所管し，1940 年に中央政府のなかに社会部を新たに設置し，社会部の下で社会福利司を設け，省レベルでは社会局を設置した。それは中国政治制度史上初めて，社会福利を政府機関の名称として使用したことになる。国民政府は一連の制度を策定し，また救済院の下で設立された養老所，孤児所，障害所，育嬰所，施薬所，ローンなどの機関に関する基本原則と業務内容を規定した。さらに，民

間社会福利機関に関する監督，運営・管理，奨励の制度を定めた。同時に，「障
害軍人教養院条例」「障害軍人転院規則」を公布し，障害軍人に対する優遇措
置を規定した。国民党は党員が社会福利事業に尽くすことを求めていた。政府
の要求に従い，各地では救済院を設置し，1931 年まで全国救済院は 2,087 ヵ所
存在した。この時期，外国の教会は中国内の社会福利事業も展開し，そのうち，
中華民国紅十字総会と中国華洋義賑救災総会は最も有名で，内政部の直接的な
監督を受け，全国的に多くの分会が設立された（王子今・劉悦斌・常宗虎 2013）。
　盧溝橋事件後，中国は全面戦争の状態に入った。大量の戦争難民や難童（生
活が困難な児童を指す）への救済は，当時の社会福利事業の重点に置かれた。
1938 年に行政院は「戦時建国時期救済難童措置方案」を公布した。この方案
では難童の教養年齢，教養期限，教育目標，教養方針，教養機関の設立および
職責，難童教養の運営および推進などの内容について明確に定めた。また，児
童保育会は国共合作の機関であり，難童への救済を実施した。宋美齢は児童保
育会の日頃の仕事をリードし，鄧穎超は設立の段階に参加した。この時期，公
的社会福利機関と民間社会福利機関は，すなわち，① 条件制限によって解散，
閉鎖，② 現地で持続する，③ ほかの場所に移転のような 3 つの状況におかれ
ていた（王子今・劉悦斌・常宗虎：2013）。

2) 社会福利の政策と理念の転換期

　劉継同は，民国時代における社会福利の政策とサービスを研究し，この時期
の社会福利発展の特徴をまとめた。まず，民国時代は中国社会政策の出現，発
展，繁栄の時期であり，理念から現代福利制度に転換し，価値観から社会福利
政策に転換し，西洋社会政策理論がローカル化する戦略的な転換期であると
し，また，児童福利を例として民国時代の社会福利の特徴をまとめた。つまり，
現代社会福利制度体制と福利サービス体系が形成されたことと，現代社会福利
制度の構成要素として国家社会福利行政機関，社会福利立法・政策・法規，社
会福利機関・組織・施設，現代社会サービスおよび福利サービス，社会福利サー
ビスの専門職である社会工作者，社会福利研究が明確化されたこと，価値・理

念が先進的であること，政治的な色が濃いこと，サービス体系に全面性・総合性・系統性があること，歴史的な発展段階がはっきり区分できること，専門的な児童福利サービス体系が明確化されたこと，制度制定の国際化の水準が高いこと，社会福利機関は事業の提唱，リード，発展推進，組織の設立，サービス提供，実務研究，発行物の出版，全国専門サービスネットワークの形成などの領域で開拓者とリーダーの役割を果たしていたこと，社会福利基礎理論の研究，福利立法，福利政策，福利サービス，発展計画，社会福利実証研究が互いに緊密に関連し，理論と実践を互いに促し，政界・学界・実務界が互いに協働・連携すること，社会福利の発展と戦争に緊密な関係があり，戦争時に国家発展，社会政策，福利政策，医療，軍人福利・優遇などがよく発展したこと，が挙げられる（劉継同 2017）。

　しかし総体的には，民国時代における社会福利事業は水準が低かったといえる。育嬰堂の死亡率が高かったこと（ただし，熊希齢が創設した香山慈幼院は死亡率がゼロで，奇跡であった），政府は民間福利機関への支援が実現できなかったこと，民間福利機関の質には格差があったこと，慈善の名の下にお金を詐取することが起きたこと，などが挙げられる（王子今・劉悦斌・常宗虎 2013）。

2.4　現代における社会福利

1) 計画経済時代における「単位」～民政福利制度モデル～

　1949 年 10 月 1 日に中華人民共和国が成立し，ここから中国は新しい歴史発展段階に入った。建国から 1978 年までの時期は計画経済時代と呼ばれ，1978年から改革開放が始まった。建国後，社会福利は勤務先である「単位」と緊密に関連しており，「単位」の性質と機能によって受けられる社会福利の内容も異なる。計画経済時代の「単位」の類型については国家機関，国家機関と企業の間に位置する事業単位，企業単位，主に国営企業，に分類することができる。

　1950 年中央人民政府内務部は第一回全国民政工作会議を開き，「民主的政治建設，優撫（戦没者の家族，軍人家族，傷疾軍人などに対する補償，救済制度）および復員した軍人の仕事の配置，社会救済，生産による救済，困窮者への手当

て，地政，戸籍，国籍，行政区画，境界紛争，社団登録，婚姻登録，民工動員，移民の手配，遊民の更生，宗教，華僑に関する事業など」が民政の主要な業務として確立された。また，1950年代の社会主義改造時期における民政は，主に，復員した軍人の優遇手配，災害の復帰，社会救済を主な業務としていた。1950〜1956年の社会主義改造時期には，帝国主義が補助している社会文化救済福利機関を徹底的に廃止し，帝国主義の毒害および悪影響を徹底的に粛清するため，政府は現有の社会福利機構への取締，接収，整頓，改造，合併，取消を実施した。結果として売春や麻薬の取引，浮浪者と乞食，搾取などの社会問題を取り除いたが，国家は社会生活に強制的に介入した結果，民間社会福利事業は社会資源がなく発展できなかった。1958年以降，社会福利企業と社会福利事業を民政業務に取り入れた。1962年以降，都市と農村が分割した戸籍制度が徐々に安定し，都市と農村の二元化の社会福利制度が形成された。国家機関や事業単位，国営企業の職員（職工）は職工福利を受けることができるが，単位に所属しない高齢，弱者，患者，障害者，鰥寡孤独者は民政部門の支援対象となり，孤児・障害児，障害者，農村五保戸を支援する民政福利が形成された。民政福利は計画経済体制に適合した民政福利サービス体系を構築し，社会弱者のために最低限の生活を保障する制度であるが，当時社会工作という専攻がなく，専門職としての社会工作者もいなかった。総体的に見ると，計画経済時期の民政型社会福利の実質は，現代社会福利サービスであり，災害復興・救済，優撫，福利サービスという3つの部分から成る。民政型社会福利の特徴として「計画経済社会主義，階級間友愛，都市と農村の二元化，単位という民政福利制度モデル」の特徴が明らかになった（劉継同 2017）。

2) 改革開放以来の社会福利〜個人―社区―社会保障モデル〜

1978年に改革開放が始まり，中国社会は新たな時代に入り，個人―社区―社会保障モデルという社会福利制度が確立された。

1978年，中共第11回3中全会の開催をきっかけとして，中国政府は「改革と開放政策」を実施し始めた。改革開放以降，中国の社会政策および社会福利

制度の改革，発展，転換は 6 つの段階を経た。すなわち，1978 〜 1985 年には思想の解放，撥乱反正（混乱をしずめて正常に戻す），1986 〜 1990 年には都市経済体制の改革，1991 〜 1999 年には社会主義市場経済体制の構築，2000 〜 2005 年には公共サービス体系の確立，2006 〜 2011 年には社会主義調和社会の構築時期，2012 年からは中華民族を復興する偉大な中国夢と「社会政策托底（セーフティネット）」の新しい発展，の 6 段階である。

　この期間において，社会福利はたくさんの変化がみられた。1986 年に中国政府は初めて社会保障の概念を提示した。城郷経済体制改革の進行，特に1980 年代末に労働・給料・社会保険という 3 つの改革の開始，すなわち国営企業や労使関係，社会保険体系の改革の開始に伴い，社会保険の改革のスピードは速く，対象範囲は少数から全国民に拡大された。保険内容は伝統的な社会保険から，社会養老，医療，労災，失業，生育の 5 つの社会保険まで増やし，「計画経済時代における国営企業職工を対象とする単位を基礎とする職業福利モデル」を，「すべての労働者を対象とする社会保険を基礎とする職業福利モデル」に転換した。それは，現代における社会政策と社会福利制度の基礎となるものである。1980 年代以降，企業職工を対象とする単位―企業保障を社会保障に転換しつつある。1986 年に民政部は武漢で都市社区サービス座談会を開き，「社区と社区サービス」という概念を打ち出した。つまり，国営企業のような伝統的な単位職工サービスを除き，都市の街道弁事処（中国の行政管理体制のなかで，最も下部の組織である）と居民委員会は当社区の居民に「便民利民」（便宜）のサービスを提供するものを，新しい社区サービスとした。1990 年代以降，民政部門は「社区建設」の概念を提示し，国家レベルでの社区建設に関する政策を公布し，「社区サービス」から「社区建設」へ転換し，すべての城郷居民が恩恵を受ける社区型福利体系を構築して，民政部が「社会福利の社会化」運動を提唱，推進する。2000 年に社会福利の社会化は民政部の政策から国務院の国家政策として取り扱われた。それは国家がすべての主体（個人，社会組織，民間組織など）を動員して社会福利事業に積極的に参加することを目的として，意識的に国家・社会・市場という三領域のなかで社会福利を分担し，福利の国

家性を弱め福利の社会性を強化することを意味する。2006 年に中共中央は，社会主義調和社会を構想する。壮大なソーシャルワークチームをつくるという戦略的目標を掲げて，社会工作の専門的サービス・理念・方法は，改めて国家社会政策と福利制度の重要な部分となっていた。2012 年に中共中央は初めて「マクロ政策の安定，ミクロ政策の活用，社会政策の托底を要する」という国家統治方針を提出した。社会政策と社会福利は改めて国家公共政策の優先的戦略的議題となっている（劉継同 2017）。

　2013 年 11 月 12 日に中国共産党第 18 次中央委員会第 3 次全体会議にて，「中共中央関与全面深化改革若干重大問題的決定」を決定し，社会公平・正義を促進し，人民の福利を増進することを出発点と到着点とすることを明確に定め，初めて社会保障制度を「社会事業」のなかに取り入れた。社会保障制度体制のなかには城郷居民最低生活保障制度，住宅保障体系，税金優遇政策，社会養老サービス体系，農村留守児童，婦人，高齢者介護サービス体系，障害者権益保障制度，困窮な児童種別ごとの保護制度，計 7 つのサービスを新たに取り入れ，現代社会福利制度の構造が明確に構想された。目前の中国における社会福利モデルは，「個人—社区—社会保障型」の福利モデルとなっている。だが，社会保障型の福利モデルは現代社会福利の価値，理念，目標を欠き，また制度の設立は形式的に止まっており，実質的な制度設立が欠如している。さらに，社会保障型の福利制度は名実一体にならないと，制度のしかるべき社会機能が発揮できない（劉継同 2017）。

　2017 年 10 月に中国共産党第 19 次全国代表大会の大会報告では，特色のある社会主義の国家中国は新たな時代に入り，主な社会矛盾は，人民のより良い生活のニーズと発展の不均衡・不十分の間の矛盾に変化した。そのため，社会保障体制の新しい発展方向性は人民を中心とすることである。言い換えれば，社会保障は人民の基本的な民生を保障するだけでなく，城郷居民のより良い生活ニーズを満足させることとすべての国民がともに裕福になることが重要な制度である。社会保障改革は大きな成果が得られたが，不均衡・不十分な構成は未だに変わっておらず，「改革の深化を通じて，地区の利益および集団利益固

化の壁をなくし，制度の分割や公平さに欠ける，権利権限と責任の不明確さ，地域間の格差などの課題を積極的に解決する」(鄭功成 2017)。これも新時代における中国の社会福利の主要な課題である。

3) 托底型，普恵性の社会福利に関する政策および政策実施の構想

　　まず，経済発展新常態下での托底型の社会福利に関する構想について論ずる。2008 年にアメリカの金融危機からの影響と中国経済構造の転換によって，2012 年から中国の経済増加スピードは緩やかになり，「経済発展新常態」に入った。その特徴は「経済発展は高度成長から中度成長へ，構造の不合理から構造の最適化へ，ファクター入力駆動からイノベーション駆動に転換し，機会とリスク・挑戦が共存」していることが挙げられる。このことをふまえ，中共中央は経済発展の問題を対応し，社会の安定を確保するために，社会政策托底という発展方向性を何度も提唱した (王思斌 2017)。托底は民生や小康社会，調和社会，経済発展構造の転換に対するものである (関信平 2016)。国内の学者は托底型社会政策に対して解釈と仮定を行った。王思斌は積極的，科学的，人文的，総合的な托底政策を構築し，そして政策が積極的に実行されることが求められると指摘している。科学的托底とは，政策はこの政策対象の本当のニーズを正確に反映し，資源がこれらのニーズを満たせることを確保することを指す。そして，政策の正規化と標準化が重要であり，例えば，困窮者への支援基準，政策実施プロセス，具体的な方法などである。また，政策の実施は正確性が求められ，本当に支援が必要となる人々を支援し，彼らの基本的ニーズを満たす。また，総合的に托底を要する。関連政策の間での整合，各種の政策間で互いに調整・協力，政府・社会・企業の間での整合が求められ，托底政策とアクション (行動) は政策対象の総合的なニーズに向かう。さらに，社会政策の発展的托底は，政策内容は発展性があり，政策対象を問題解決の主体とみなし，政策対象のエンパワーメントを重視する (王思斌 2017)。同時に，専門的サービスの質を向上させ，例えば，社区と医療などの公共サービス領域においては，社会工作などの専門的サービスを導入し，都市と農村における社会

サービスの均衡を重視する（関信平 2016）。目前の経済と社会福利の現状をふ
まえ，托底型の社会福利に適切な政策およびビジョンを企画し，托底とともに
個人の主体性および社会有機体間の資源の整合を重視し，単純な補充型ではな
く，発展型の方向を重視する。

　また，普恵型の社会福利に関する構想，実践，これからの方向性について論
じる。民生部の原副部長竇玉沛は，2006 年に世界の一部の先進国が普恵型の
社会福利も実現したが，中国は長い期間社会福利が補充型であり，社会福利機
関を設置して，労働能力がない・法定扶養者がいない・生活の身寄りがない高
齢者や障害者，未成年者などに基本的な生活とサービスを提供していた。改革
開放から 21 世紀初頭まで，経済発展と社会進歩とともに，社会福利事業は新
しく発展し，国家および集団が設置する社会福利機関を主として，社会の力に
よって生まれた社会福利機関の参加を促し，社区福利サービスと居宅養老に依
拠する社会福利サービス体系が初歩的に形成された。これは社会の特殊な人々
の基本的な生活の権益を擁護し，社会公平・正義を維持し，社会の調和を促進
するにあたって重要な役割を担っていた。中国においては社会福利の保障範囲
を拡大し，社会福利制度を適度な普恵型に転換するのを促進し，家庭・社区・
社会福利機関の三者の結合を促進し，政府が主導して他組織と協力しながら社
会福利体制を固め，法制化・標準化・専門化の結合を重視すべきである（竇玉
沛 2006）。

　鄭功成は以下のことを指摘している。20 世紀後半から，アジア諸国の日本，
韓国，中国，インドなどの国ぐにはめざましい経済発展を遂げたが，経済発展
を優先させて福祉を後回しにする政策を採ったことや，国民の福利は経済のよ
うに発展しなかったこと，実際には強者が優先されて普恵性が弱かったこと，
就労と収入と密接に関連すること，家族保障が重要であることなどの共通の特
徴が現れている。同時に，高齢化が速いことと都市・農村の格差，貧富格差が
拡大する課題に直面している。21 世紀はアジアの世紀と呼ばれ，またアジアの
国ぐにが国民福利を普遍化する世紀とも呼ばれる。経済発展の成果を国民福利
に転化し，かつ同時に発展も求める。さらに，社会保障体制の改善を通して公

共支出を拡大し，国民の幸せを築き，最終的に公平・正義・共生型の社会をつくる。それはアジアの国ぐにの社会福利の不可逆的な趨勢である（鄭功成 2010）。また，中国では 2003 年から農民は新型農村合作医療への加入がますます増加し，2007 年には農村最低生活保障制度が，2009 年には新型農村養老保険が実施され，さらに 2010 年には「中華人民共和国社会保険法」が成立したことは，中国の社会保障制度の基盤づくりができたといえる。中国が全国民が恩恵を受ける社会保障体系を有したことは，近年最も重大な成果であると景天魁は指摘している（景天魁 2013）。

　いかに普恵型社会福利を実現するか，また福利と経済発展が良い循環になるかについて，卒天雲と王思斌などはいくつかの解決方案を提言した。卒天雲は普恵型社会福利体系が 7 つの部分で構成されているため，実現するために中心的要素および主要な任務をとらえるべきであると指摘している。中国共産党第 19 次全国代表大会において，新時代の社会福利のビジョンは「幼有所育，学有所教，労有所得，病有所医，老有所養，住有所居，弱有所扶」の 7 つの方面が掲げられており，民生を本質として，人生の生涯を幅広くカバーした。このビジョンを実現するために，人民を中心として，発展を主要な任務とし，財政の投入を増加し，福利体系の整合を促進し，福利の運営水準を高めることが認められる（卒天雲 2018）。また，王思斌は，小康社会を全面的に建設するにあたって，適度な普恵型社会福利制度が求められると指摘している。適度な普恵型社会福利制度とは，すべての国民に向けて社会生活の基本領域を網羅する社会政策と制度である。責任主体の視点からみると，政府は諸方面の主要な責任を担うとともに，政策と制度の策定を通して企業，社区，社会および家庭の支持を得る。この制度を構築するために，政府は責任を優先すること，民衆は指導してもらうこと，企業は社会的責任を担うこと，家族は支持してあげること，非営利組織および社会福利機関は設立していくことが求められる（王思斌 2009）。

32

参考文献

毕天云，2018，《"七有"：中国特色社会主义新时代的福利理想》，《学术探索》第 11 期。

窦玉沛，2006，《中国社会福利的改革与发展》，《社会福利》第 10 期。

关信平，2016，《论当前我国社会政策托底的主要任务和实践方略》，《国家行政学院学报》第 3 期。

景天魁，2013，《社会福利发展路径：从制度覆盖到体系整合》，《探索与争鸣》第 2 期。

刘继同，2017，《中国现代社会福利发展阶段与制度体系研究》，《社会工作》第 5 期。

王思斌，2017，《积极托底的社会政策及其建构》，《中国社会科学》第 6 期。

——，2009，《我国适度普惠型社会福利制度的建构》，《北京大学学报》第 3 期。

郑功成，2011，《中国社会福利改革与发展战略：从照顾弱者到普惠全民》，《中国人民大学学报》第 2 期。

——，2017，《全面理解党的十九大报告与中国特色社会保障体系建设》，《国家行政学院学报》第 6 期。

——，2010，《从高增长低福利到国民经济与国民福利同步发展———亚洲国家福利制度的历史与未来》，《天津社会科学》第 1 期。

韩克庆，2011，《转型期中国社会福利研究》，北京：中国人民大学出版社。

田毅鹏，2017，《中国社会福利思想史》，北京：中国人民大学出版社。

王爱平，2013，《中国社会福利政策研究》，北京：中国社会出版社。

王子今，刘悦斌，常宗虎，2013，《中国社会福利史》，武汉：武汉大学出版社。

周良才，2008，《中国社会福利》，北京：北京大学出版社。

第 3 節　中国ソーシャルワーク教育の歴史と発展の現状

3.1　中国ソーシャルワーク教育発展の三段階

　世界中におけるソーシャルワーク専攻の発展と社会経済の発展は，異なる社会の転換期に現れた社会問題によるソーシャルワーク専攻と職業の需要とは非常に緊密な関係をもっている。ソーシャルワークの発展は近代化のすべての過程とも関連する。中国でも同じである。中国ソーシャルワークとその専攻教育の発展は全世界のソーシャルワークの発展と相応し，同時に文化と社会の異なる発展期間の差異により，その自身の特徴も現れている。大概に言えば，中国ソーシャルワークおよびその専攻教育の発展は以下のいくつかの段階に分けられる。

1) 創設初期：民国時期と社会需要に呼応するソーシャルワークの研究，養成教育と実務

　1917年，アメリカソーシャルワーカーの先駆者メアリー・リッチモンドの『社会診断』(Social Diagnosis) という本が出版された。これは科学的，技術的に「ソーシャルワーク」がひとつの学問領域として公的に認められたことを意味する。同時期，「1912年，アメリカの伝道師，北京キリスト教青年会幹事ブジシ (John S. Burgess) が北京社会実進会をつくった。学生を組織し，キリスト教のソーシャルワークに参加し，これをもって，社会を改造し，中国を救うことが目的である。これは社会福祉事業とサービスを行うための青年組織であり，中国のソーシャルワークの始まり（彭华民 2017）であった。」ブジシは燕京大学社会学部を創設し，当学部は1925年に社会学と社会サービス学部に改称し，個別事案や団体の仕事，社会行政，精神健康ソーシャルワーク，社会福祉などの科目を開設した（彭华民 2017；周建树 2016）。

　1914年2月，葛学溥 (Daniel H.Kulp Ⅱ，1888-1980) は上海滬江大学で中国の大学の最初の社会学部を創設した。その後，ソーシャルワークに関連のある科目を開設し，そのうえ，専門性をもって社会にサービスを提供する滬東公社を創設した。社会学部を創設した当初，授業の科目はひとつしかなく，葛学溥が講師を務めた。1915年に，授業は人類学，社会学，社会病理学，社会制度と社会調査の5科目まで増設した。この時，学部名を社会科学部に改称した。復旦大学王立誠教授は「滬江大学は開設した専攻科目は国内の他のいかなる大学よりも多い。燕京大学が1923年に社会学部を設立し，互いに対等にふるまうまでに，滬江の社会学は国内においてはずっと一位である。」と指摘する（彭秀良 2017）。葛学溥は「社会調査」の科目において，「学生に楊樹浦地区の東にある住宅，人口，工業，教育，宗教などに関する資料を集めてもらい，図表を作成するなどは，中国の大学において最も早い社会調査である。」といい，彼は同年，滬江大学の校内で「滬江社会サービス団」を組織し，8つの班に分け，慈善関係の貧困救済を実施した。さらに，社会状況のさらなる研究を通して，社会の悪弊を改正することを目的とした。1917年，葛学溥は社会サービスの

範囲をさらに拡大し，校外でコミュニティサービスセンターを設立し，英語名は「The Yangtzepoo Social Center」とした。直訳すると「楊樹浦コミュニティサービスセンター」である。葛学溥はそれを「滬東公社」と呼ぶ。その後，滬東公社はその地域で 30 年以上も続けてサービスを提供した。「滬東公社が提供した主なサービスは教育分野に集中し，初期段階は周囲の工場の職人のために学習塾を開いたことである。学校運営の経験の積み重ねと経費助成の拡大により，近くに住んでいる工場の職人の子供を募集し，全日制の小学校を設立するところから，仕事をもつ職人のための夜間学習塾の設立など，対象により，その形態も多様である。在学者数の規模も徐々に拡大した。教育以外にも，滬東公社は民衆図書館，民衆代筆所，民衆食堂，民衆茶園，民衆同楽会，診療所などを設立し，コミュニティの住民に多様なサービスを提供した。」(彭秀良 2017)。1937 年「八一三事変」が勃発した。滬東公社は直接当時の難民救済に参加し，見習工だけに向けて夜間学習塾を開設するなど，その活動は抗戦勝利まで続けられた。滬東公社はソーシャルワークサービスを提供する際，滬江大学社会学部の学生を多く使用した。これによって学生の実務を訓練することができた。滬東公社の歴代の責任者はすべて滬江大学社会学部の教員であり，研究活動を促進した。「滬東公社の発展の歴史において，滬江大学はずっとその後方にあるもっとも重要な基地と物質のバックボーンである。滬東公社が設立した各事業を維持できたのは，その経費の一部は学校が徴収した雑費から，もう一部は社会各界からの募金である。そのなかには学校の教職員からの募金も含まれる。滬東公社は 30 年間の長期間にわたり，ソーシャルワークサービスを提供してきた。ソーシャルワークは社会の公正性，正義性を守るという尊い使命を示した。」(彭秀良 2017)

　金陵大学や金陵女子大学 (1928 年は金陵女了文理学院) は民国時期に比較的早期に社会学部およびソーシャルワーク科目を開設し，ソーシャルワークの専攻を設けた大学であり，社会実践を非常に重視していた。金陵大学が設立された当初は文系しかなかった。文系は四年制大学と予科の 2 つの学部しか開設していなかった。四年制大学の科目は選択と必修科目を開設した。選択・必修の科

目どちらを選択しても，「社会学」がなかった。1930 年の春，文系は文学院となった。1931 年，金陵大学は社会学部を設立し，柯象峰が学科長となった。金陵大学は社会福祉行政学部を開設し，ソーシャルワークの四年制大学生を募集することになった。これは当時の中国において，唯一の独立したソーシャルワーク学部である。1926 年前後，金陵女子大学のソーシャルワークの学科長は Dr. Truddy であり，1928 年から 1937 年までの学科長は Mer eb. E. Mossman である。抗日戦争時，学校は成都に移転し，学科長は龍冠海氏であった。金陵大学と金陵女子大学は積極的に各機関，団体と協力し，社会福祉事業，救済事業を展開し，社会にソーシャルワークのプロの人材を送り出し，中国のソーシャルワークの発展に貢献してきた。それと同時に，ヨーロッパソーシャルワークの個別事案，集団，コミュニティの仕事の方法を中国に紹介し，中国の伝統慈善事業が現代ソーシャルワークに転換することに積極的な役割を果たした。これによって，中国ソーシャルワークの専門性の発展を促進した（王世軍 2001；周建樹 2016）。七七事変後，金陵大学と金陵女子大学は，四川省成都へ移転した。金陵大学社会学教学団体は普通社会学班，都市社会学班，農村部社会学班，辺彊社会学班と社会福祉行政班の 5 班に分けられた。戦時の形勢により，当時のソーシャルワークは辺彊社会調査，都市ソーシャルワーク，農村部ソーシャルワークおよび児童ソーシャルワークに分けられる。1946 年金陵大学と金陵女子大学は南京に移転し戻ってきた。抗戦時期のため，南京にある元来の社会福祉，社会救済施設の多くは移転または休止することになり，社会問題は非常に顕著となっていた。金陵大学は連合国の善後救済本部ソーシャルワークの支援のもとで，10 名あまりのソーシャルワーク専攻の大学院生を養成した。1948 年に，その当時の中国において，唯一独立しているソーシャルワーク学部である社会福祉行政学部を設立し，ソーシャルワークの四年制大学生を募集した。金陵大学は国際ソーシャルワーク協会および国際社会福祉研究院連合委員会の委員としても認められていた。この時期は，2 つの大学は民衆学校，友臨所，保育園，児童指導所を開設することを通して，大衆にサービスを提供する。1948 年，国共内戦は緊張状態にあり，児童行為指導所の仕事は一時停止になっ

た。1949年に回復し，1951年9月に金陵大学と金陵女子大学が合併して公立金陵大学になることで，社会学部の児童福祉班と元来の家政学部児童福祉が合併，児童福祉学部，児童行為指導所の仕事はこれで終わりを告げた（王世軍 2001）。

1928年，国立中央大学（現在の南京大学）社会学部がソーシャルワーク専攻の設置を模索し始めた。その後，児童養護施設など4つの実習基地を設立し，学生に児童養護施設などの機関での実習体制を組織する。1940年代，中央大学社会学部の孫本文教授は国民政府教育高等教育局局長を務め，国が公布した社会学学習指導要領を編纂し，ソーシャルワーク専攻を社会学専攻と同じ地位に引き上げた。そのことは大学ソーシャルワーク専攻の発展に積極的な役割を果たした。専門の組織を設立し，研究を進め，成果を出版させ，プロの人材を養成した。（彭华民 2017）

滬江大学と燕京大学のソーシャルワーク教育と実践は中国初代のソーシャルワーカーを養成した。中央大学は連合国難民署の支持のもと，1948年から社会学専門職大学院生の募集を始めた。当時中国ソーシャルワーク分野の高度人材養成の先駆けとなった。金陵大学社会学部は「研究は教育の基盤であり，サービスは教育の実践である」と提唱し，「研究，教育，サービスの三者が一体となり，バランスよく展開する」ことは，当時の中国国内のソーシャルワークの分野において，理論と実践をそれぞれ重要視するモデルの先駆者になっていた。そして，これは依然として現在の世界の大学に標準モデルとして使われている（郭未・沈暉 2018）。

海外の学者が持ち込んだソーシャルワークの専門知識と国内のソーシャルワークに対する需要に基づいて，政府，大学と教育管轄部門を重要視するなか，ソーシャルワークの専門教育と社会実践がしだいに生まれた。そして民国時期の社会発展にともない，また，戦時下を経ることで中国ならではの発展特徴が現れた。これらは，中国ソーシャルワークと専門教育の発展初期の歴史といえよう。

2) 停滞期と回復再建期：建国後から 20 世紀 90 年代早期

　新中国が成立した後，国は計画経済体制を実施し，社会は強くコントロールされている状態となった。「大きな政府，小さな社会」という思想のもと，国は種々の社会サービスと社会問題を一手に引き受けた。1952 年，中国は社会学学科を取り消し，社会学とソーシャルワーク教育は相次いで中止された。ある学者は，1949 年以降，中国ソーシャルワーク学科の建設は民政ソーシャルワーク時期に入ったと考える。大学ソーシャルワークの専門は取り消されたが，ソーシャルワークサービスと類似する民政サービスが展開し続けていた。それによって，ある程度のサービス経験と専門知識が貯蓄された。雷潔瓊は「民政はソーシャルワークである」と提唱し，彼女はソーシャルワークが広義と狭義の二種類あると考えた。広義的ソーシャルワークは社会政策の制定と実施を指す。社会福祉事業を行い，社会福祉機関の管理に従事する。一方，社会救済は狭義的なソーシャルワークであり，これらは民政の仕事に含まれている。これは中国特有のソーシャルワークである。雷潔瓊は社会政策の評価のなかで，人はサービスの対象として注目し，異なるタイプの人には異なる方法を取らなければならないと指摘した。サービス対象に関心をもつことと個別化の原則を提唱した（王思斌 2004；彭华民 2017）。この要求は，ソーシャルワークが提唱したサービスの対象の需要を中心とする原則を明確に示している。

　1979 年，中国社会学学科が再建されることになり，ソーシャルワーク学科の再建も再び議事日程に入れられた。雷潔瓊は「社会学のいくつかの意見について」で，社会の発展は専門知識をもつソーシャルワーカーが必要であると指摘し，ソーシャルワーカーを養成することを呼びかけた。これは改革開放後，ソーシャルワーク教育の回復と発展のための第一声となった。その後，彼女は大学でソーシャルワーク学部または専攻を設立することを呼びかけた。1980年，雷潔瓊は北京で行われた社会学学習塾で教員を養成することを目的とした「ソーシャルワーク」の講義をし，1985 年，国家教育委員会は広州で全国大学社会学専攻の発展に関する会議を開催した。彼女は教育部に「先見の明をもち，ソーシャルワーク専攻の発展を進めるように」と指摘した。雷潔瓊，袁方，何

肇発などの先覚者はソーシャルワーク専攻を開設することを極力主張していた。1987年，国家教育委員会は大学において「ソーシャルワークと管理」の専攻を試験的に設立した。雷潔琼はソーシャルワーク学科の発展は海外の優秀な成果を吸収しながら，本国の経験をしっかりとまとめるべきであると指摘する。彼女は民政の仕事で得た経験を理論化し，教材を編纂することを励んだ。また，学生が社会に入り，社会を理解することを励んだ（王思斌 2004）。

　1979年，費孝通氏は社会学の再建を考える時に，以前の中国ソーシャルワーク学科発展の伝統を継承し，ソーシャルワーク専攻を社会学科の枠内に納めることを考えた。「彼は一つの学科の存在と発展は以下の5つの仕事をしなければならないと考えていた。専門の研究機関を設立する；学部を開設し，専門人材を養成する；学会を作り，学術交流を行う。図書，資料センターをつくる；出版物と出版所を創設する」（彭华民，2017）。費孝通氏は国内外の著名な社会学者を組織し，南開大学社会学専攻のクラスの教員を務めてもらう。社会学概論の教案に基づいて講義をしたため，何度もの議論を経て教案を修正し，最後に『社会学概論』を完成し出版した。そのうちの一章は「ソーシャルワーク」であり，民政ソーシャルワークの内容を強調し，中国ソーシャルワーク発展の道のりと特徴を分析した。1987年9月，マディアン会議が開かれ，その当時民政部部長の崔乃夫などの政府職員と雷潔琼等を含む社会学界の専門家も一緒に参加し，中国ソーシャルワーク学科の再建問題についての議論がなされた。「今回の会議ではソーシャルワーク専攻の地位を再確認でき，ソーシャルワーク専攻教育が中国で全面的に回復し，発展する基礎を築き上げた。北京大学は1989年からソーシャルワーク学科の四年制大学生の第一期生の募集をはじめた。そして，同じ年に民政部のためにソーシャルワーク専攻の大学院生を養成することになった。これは，ソーシャルワーク専攻教育がわが国で全面的に再開したことを示している」（郭未・沈暉 2018）。「1987年末，わが国の最初のソーシャルワークの教育研究機関『民政部ソーシャルワーク教育研究センター』が設立され，民政教育の教材を編纂し，教員を養成し，さらに，コンサルティングも提供する。この時期は，吉林大学，アモイ大学，上海大学も相次いでソー

シャルワーク学科または授業を開設した。1993年4月，中国青年政治学院は
ソーシャルワークと管理学部を開設し，ソーシャルワーク教育が中国で再開し
てから初めての学科レベルの教育機関になる。1987年から1993年まで，全国
でソーシャルワーク専攻または授業を開設したのは10校に満たず，在学者数
は100人程度である」（林小秋 2008）。

3) 専門化の急速な発展段階：1990年代後期から現在に至る

　1994年4月，ソーシャルワーク教育の専門組織「中国ソーシャルワーク教
育協会」（CASWE，以下は「協会」と略す）が正式に設立した。当協会は中国ソー
シャルワークの本土での教育事業と協調しながら組織し，推進してきた。現在
の会員は400人余りである。協会の主な役割は学術交流，理論研究，職務の養
成，国際協力，コンサルティングサービスの5つである。中国ソーシャルワー
ク教育と学科建設は専門化により急速に発展してきた。

　協会は「中国ソーシャルワーク教育発展計画」を制定，実施した。2018年
まで，協会は14回の年会を開催することに成功した。一連のソーシャルワー
カー養成学習塾や，各種学術検討会および実務ワークショップを行った。これ
らの会議および研究チームは全国のソーシャルワーカーの同志に重要な交流の
場を提供し，教員の専門化を強力に推し進めた。協会は「中国ソーシャルワー
ク研究」（刊行物），社会ソーシャルワークメイン教材シリーズ，社会ソーシャ
ルワーク実務教材シリーズなどを編纂した。教育部の指導のもと，協会はソー
シャルワークのメインの専門科目を10科目設定した。ソーシャルワーク序説，
個別事案ワーク，チームワーク，コミュニティワーク，社会行政（社会政策），
社会保障概論，社会福祉思想，社会学概論，社会調査研究方法，社会心理学で
ある。2008年5月12日汶川地震以来，協会は中国青基会と協力し，会員単位
で動員し，四川徳陽，広元地域で震災後の救援活動を展開した。さらに，広元
で専門のサービス機関を設立し，現地の政府が出資し，雇用を作り出した。関
連のあるサービスは現在に至る。2017年以来，協会は中国共産党第19回全国
代表大会の報告で提唱した貧困脱却戦略に沿った，「中国ソーシャルワーク教

育百校貧困脱却計画」を起動した。2019年中，202の会員単位が組織され，当計画に参加した（中国ソーシャルワーク教育協会網 2019）。汶川地震の震災後の再建において，ソーシャルワーカーの参加は震災後の再建，特にコミュニティを中心とした震災後の再建モデルの模索に非常に重要な役割を果たしたといえる。徐々にソーシャルワーカーの専門的応用能力が高まってきたといえよう。一方，各級政府と群衆にソーシャルワーカーを熟知させ，その専門性を提唱する役割を果たした。貧困脱却は国の重要政策とされ，そのなかで，中国ソーシャルワーク教育協会はこの機会を掴み，全国の大学の教職員，学生の参加を広く動員した。ソーシャルワークの専門性を再び発揮させ，国をよりよくする活動に参加し，全国にある異なる地域の民衆とコミュニティのためにサービスを提供し，本国のソーシャルワークの専門性の価値を再度発掘し，ソーシャルワーカー像をモデル化した。

　ソーシャルワーク職業資格受験者数も年々増加しつつある。同時に，2018年度ソーシャルワーク職業資格の受験者数は40万人に達し，2019年は50万人に達している。2018年の年末時点で，全国には準社会福祉士と社会福祉士が，延べ439,266人いる（中国発展簡報 2019）。

　ソーシャルワークの専門は大学において迅速な発展を遂げた。1998年の『高等院校本科目録』（四年制大学目録）に「ソーシャルワーク」の専攻が保留され，そしてソーシャルワークという専攻を「コントロール」される専攻から「コントロールできない」専攻に見直した。1994年から1998年までに，ソーシャルワーク教育は全国で初歩の発展を遂げ，ソーシャルワーク専攻または科目を開設する大学は30校以上に上る。1999年から，ソーシャルワーク専攻を新設する学校の数は，急速に増えた。1999年年末，ソーシャルワークの科目を開設する学校は30あまりあった。2000年，全国では四年制大学が教育部に許可され，ソーシャルワーク専攻を開設できる学校は27校となった。2001年，新しくソーシャルワーク専攻を開設した学校は36校，2002年は35校であった。2004年3月まで，全国ではさらに26校の大学がソーシャルワーク専攻を開設した（林小秋 2008）。2018年度の中国ソーシャルワーク発展速報に示されたよ

うに，2018 年の年末まで，全国では 82 校の高職学校（短期大学に相当）がソーシャルワーク専攻を開設した。348 校の大学がソーシャルワーク専攻を開設し，150 校の大学と研究機関はソーシャルワークの大学院教育を展開した。全国において延べ 17 のソーシャルワーク分野の博士ステーションがあり，毎年ソーシャルワークの卒業生を 4 万人近く養成している。中国のソーシャルワーク教育は急速な発展期を迎えようとしていた（中国発展速報 2019）。

3.2　現時点でのソーシャルワーク教育の成果，発展と方向性
1）ソーシャルワークの成果とその問題点

　ソーシャルワーク教育の発展からみると，以下の成果が認められる。1 つ目はヨーロッパのソーシャルワークから伝わってきた専門知識の紹介である。経済改革を順調に進めるための専門の保障理念を取り入れ，改革と発展がもたらした社会問題を緩和するために科学的な方案を提示した。2 つ目は基本的な専門教育体系の構築の初歩的な完成である。これは専門の教員，そして教育チームを養成しただけでなく，ヨーロッパと中国の香港，台湾地域のシリーズ本を編纂，翻訳し，相当の専門分野の学生を養成して，中国のソーシャルワークの専門の発展に力を蓄積した。3 つ目は中国社会に適応できる中国ソーシャルワーク専門理論の模索と初歩の成果である（林小秋 2008）。4 つ目はソーシャルワーク専門の実習とソーシャルワーク機関での実務における中国特有の問題を解決するための豊富な経験の蓄積である。将来は世界ソーシャルワーク学科を豊かにする特有の知識になりうる。例えば，近年，文軍，何雪松，安秋玲は理論と実践の関係，実務知識，土着化，土着思想の資源がソーシャルワーク理論を構築することなどについて論じた（安秋玲 2013, 2016; 何雪松 2018；文軍・何威 2014）。

　中国ソーシャルワーク専門教育の発展にも解決しなければならない問題がある。それは，第一に，専門教育発展の社会バックボーンに改善の余地がある。党の第十六届中央委員会の『決定』は大きなソーシャルワーク人材チームを設立することを提唱した。民政部は『社会工作专业人才队伍建设中长期规划

（2011-2020 年）』（ソーシャルワーク専門人材チーム建設中長期計画（2011-2020 年））を制定し，2020 年までに，ソーシャルワーク人材の総人数を 145 万人まで増やすとした。そのうち，中級ソーシャルワーク専門人材は 20 万人に，高級ソーシャルワーク専門人材は 3 万人をめざすことを計画した。2018 年年末時点で，全国には準社会福祉士と社会福祉士が合わせて 439,266 人いる。そのうち，広東省の社会福祉士は 8 万人超，江蘇省は 5 万人超，浙江省は 4 万人超，北京，上海，山東省は 2 万人を超えている（中国発展速報 2019）。総量と計画の差は著しい。北京や上海などの都市部の資格者が数少ない。これらの数字からいえることは，中国政府がソーシャルワークに対する関心の高まりであり，ソーシャルワークの重要性が認識されていることである。しかし，長い間，ソーシャルワークに対する社会的認知度が低く，専門教育の発展に対する社会の支えはまだ欠けている。第二に，ソーシャルワークの学術的地位はまだ高くない。「一つの学科は自分の独自の影響力のある専門学術雑誌を有しなければならない。ソーシャルワーク学科の知識構造は他の学科と異なり，実践の知恵と独特な実践テクニックを強調する（ソーシャルワークの 3 つの方法）。近隣学科の社会学，心理学，人類学等とは明確な区別がある。周知の原因のとおり，われわれは専門の自主発表の機会に欠け，一流の学術刊行物と匹敵できる学術刊行物が欠けている。『中国ソーシャルワーク研究』，『社会建設』，『ソーシャルワーク』，『ソーシャルワークと管理』などたくさんの努力をしてきたが，専門の自主発表の欠如性はやはりソーシャルワーク学科の発展に影響を与えた」（彭华民 2017）。学科の分類からいえば，教育部はソーシャルワークを小分類の学科とし，社会学の大分類の学科に属させ，現在の学科研究においては，ソーシャルワークの特性ははっきりと示されていない。第三に，教員不足，教育の力が弱い。36 年間の研究の中断により，ソーシャルワーク専門の教員の養成が途切れてしまった。現在の教員の多くは社会学，哲学，政治教育，歴史と他の学科から転職してきた教員であり，体系的な訓練を受けていなかった。そのため，ソーシャルワークの価値に対する理論の理解や，ソーシャルワークの知識構造の開拓に関することであれ，またはソーシャルワークの実務への理解などであ

れ，すべて大きな差が存在する。これは教育効果に不利な影響を与えた（林小秋 2008; 彭华民；2017）。第四に，応用型の専攻として，実務教育は非常に重要である。しかし，現在，ソーシャルワークの専門機関の発展はまだ初期段階にあり，各仕事に関する規則と要求はまだ不明瞭な部分がある。大学ではソーシャルワークの実務教育の知識と経験をもつ教員は不足している。発表を重視しながら実践を軽くする教育の動きのなかで，ソーシャルワークの実務教育の発展は非常に不十分である。特に学生を主体として重視し，学生が体験できるシステムについての反省を高める必要がある（古学斌 2011；史柏年 2011）。

2) 中国ソーシャルワーク教育発展の方向性：状況重視，多方面に同時に発展させる

　劉華麗は中国と欧米型のソーシャルワークおよび専門教育の内容について分析したうえで，ソーシャルワーク教育は学生を中心に考え，講義教育，価値教育と実習教育という3つの枠組で進めることが望ましいと述べている。学校間，教育部門と関連政府部門との協力を強め，共に中国ソーシャルワークの発展を促進していくことが求められる（刘华丽 2006）。これは熊躍根の観点とも一致しているところがある。能氏は1990年代以来中国社会の転換期におけるソーシャルワーク教育の迅速な発展について考察した上，それらを理論的に解説し，専攻をもつ学校に対してソーシャルワーク専門教育の過程と政策について分析を行った。熊躍根は次のように指摘する。「異なる社会需要と状況により，異なる地域がソーシャルワーク教育を発展していく際，いくつか同じ発展ルートに従いながらも，異なる状況による異なる発展戦略をとっている。ソーシャルワーク教育も地域の格差化が示された。中国本土の現実から言えば，ソーシャルワーク専門教育を促進する際に，われわれは慎重に現実的に効果のある方法を取らなければならない。方法としては，実践に重点をおきながら，マクロ実践の重要性を強調する。これは中国ソーシャルワーク専攻の発展ルートと戦略と欧米との決定的な違いである。社会リスクが日々増加する現代においては，ソーシャルワーク専攻の発展はコミュニティまたは社会組織能力の発展と

政府の社会政策のレベルアップという目標に重点を置くべきである。このよう
にすることでソーシャルワークの発展が可能になる (熊跃根 2005)。

　向徳平は総合的に中国のソーシャルワークの専科教育の発展と関連の研究を
考察したあと，中国のソーシャルワーク教育は「国際の基準と本土の経験の双
方を重視し，価値観教育と知識技術教育の双方を重視し，知識の伝授と技術の
養成の双方を重視し，学問教育と職業訓練の双方を重視し，専門教育と社会教
育の双方を重視する」と指摘する。彼は，これが中国のソーシャルワーク教育
発展の方向であり，中国ソーシャルワークの職業化，専門化の基礎と保証であ
ると考えている (向徳平 2008)。

　郭未と沈暉は中国の経済発展のレベルによる都市と農村の分化および制度上
の要素を考察し，中国の第一線で働くソーシャルワーカーの平均収入などの待
遇は大概高くなく，その流出率が高いことを明らかにした。中国のソーシャル
ワークの発展史と外国の経験を結びながら，二人は「中国ソーシャルワーク専
門教育はヨーロッパの専門知識を受け入れながら，本土の理論と言語化システ
ムを創出している。伝統的なソーシャルワーク専攻教育に限られていると，学
生を就職難に陥らせることがある。例えば，「専攻教育の一環において非伝統
的な養成モジュールを設置し，専門知識を技能に転換させる。「伝統」的な第
三部門のソーシャルワーク実務部門から「非伝統」的な公益基金会，政府，企
業など関連機関のソーシャルワークの仕事に就職したい学生に，相応の知識を
向上させ，技能訓練をさせる。さらに幅広い分野への職業を図る。」ソーシャ
ルワーク専攻の卒業生が就職難という「倒逼 (強制力が強く，差し迫った問題の
解決および困難な現状を打破するために強制的な規制や改善措置の実施などを余儀
なくされる)」の窮地に陥るソーシャルワーク教育は，「伝統」から「非伝統」
への実践が，中国のソーシャルワーク専攻を発展させ，促進することにつなが
る (郭未・沈暉 2018)。

3.3　典型的な事案：華東師範大学ソーシャルワーク専攻教育とシラバス
1）国家教育指導委員会の要求
　中国学位と大学院生教育情報ネットワークに，国家ソーシャルワーク教育指導委員会が制定した「ソーシャルワーク大学院修士課程学位指導養成方案」を公布した。本専攻の養成目標，募集対象，受験方法，修業年限と養成方法を他に先立って規定し，専門の必修と選択科目を規定した。そのうち，他の多くの専攻の養成方案と異なり，ソーシャルワーク専攻は専門の実習を重視し，専門の実習時間を明確に規定した。さらに，ソーシャルワーク実務をソーシャルワーク人材の養成に取り入れるとともに「二人の指導官」という意見を出した（中国学位と研究生教育情報ネットワーク 2012）。
　原文は以下の通りである。

ソーシャルワーク大学院修士課程学位指導養成方案
　我が国の経済と社会発展の需要に基づき，ソーシャルワーク学科大学院生教育の一般規則に従い，専門職学位教育の特徴により，先進国と地域の高度ソーシャルワークの専門人材養成の有益な経験を参考，吸収し，本養成方案を制定した。
一，学位名称
　　ソーシャルワーク専門職大学院学位，英訳："Master of Social Work"，略称：MSW。
二，養成目標
　　道徳的，知的，身体的な面から全面的に養成する。「人を重視し，他人を助け，自分を助け，公平公正」という専門的価値観を育て，ソーシャルワークの理論と方法を身につけ，我が国の社会政策を熟知し，異なる人達と領域の社会サービスを適任する社会管理の応用型高度専門人材になる。
三，募集対象と入試方法
　　募集対象はソーシャルワークと関連する専門，または一定のソーシャルワークの実践経験を有する他の専門の学士取得者。

　　入学試験は全国統一の試験または联考（公務員試験），または学生を募集する学校が自ら組織した専門の試験。主に学生の成績および面接の結果，そして仕事上の業績とキャリアを結びつけ優秀の順で選抜する。

四，修学年限

　　フレックス制。全日制と非全日制の学習はどちらも可。全日制の修学期間は 2 年；非全日制の修学期間は 2-4 年。

五，養成方法

1．単位制。学生は学校が規定した課程の試験に合格し，所定の単位を取得することができる。所定の単位を取得した者は学位論文を書く資格が得られる。学位論文は口述試験に合格した学生が，申請の流れにそってソーシャルワーク専攻の学位を申請することができる。

2．教授方法は講義，事案検討と専門の実習など多種多様の形式をとり，実践を重視する授業方法である。実務の授業は現代化のメディア教室，ソーシャルワーク実験室など，ハード面での施設を配置する。さらに，実践経験のある優秀な社会福祉士が招聘できる場合だけ，授業または講座を開設し，事案分析の教授法で授業する。これによって，学生のソーシャルワーク実務技能の訓練を高めながら，研究能力を養成する。

3．実習の一環を重視する。学生に少なくとも 800 時間の専門実習を求める。学校監督と機関監督の二重作用を発揮し，実習の養成レベルを向上させる。

4．指導教官チームを設立し，集団養成の効力を発揮する。指導教官チームは大学院生を指導できる資格をもつ教授，准教授をメインメンバーとすべきである。さらに社会サービスと管理部門の優秀な人材の参加を取り入れる。学校の専属教員と実務経験，研究水準が優れている社会ソーシャルワーク人材と共同で学生を指導する「二人の指導教官」の制度を導入する。

六，ソーシャルワーク専門職大学院学位の科目設定

　　ソーシャルワーク専門職大学院学位を取得するには，総単位は 36 単位以上でなければならない。

（一）．必修科目

リベラルアーツ

　1.　政治理論

　2.　外国語

専門必修科目（12 単位以上であること）

　1.　ソーシャルワーク理論

　2.　社会研究方法

　3.　高級ソーシャルワーク実務

　4.　ソーシャルワーク倫理

　5.　社会政策

（二）．選択科目（8 単位以上であること。以下の科目は参考まで）

　1.　人的行為と社会環境

　2.　家庭と家庭サービス

　3.　貧困と発展

　4.　社会サービスマネジメント

　5.　社会プロジェクトマネジメント

　6.　ソーシャルワーク評価

　7.　中国社会政策

　8.　社会保障制度

　9.　社会福祉思想

　10.　比較社会福祉制度

　11.　社会統計分析

　12.　児童ソーシャルワーク

　13.　青少年ソーシャルワーク

　14.　高齢者ソーシャルワーク

　15.　女性ソーシャルワーク

　16.　障碍者ソーシャルワーク

　17.　精神健康サービス

18. 学校ソーシャルワーク

19. 医療業務ソーシャルワーク

20. 社会矯正

21. 企業ソーシャルワーク

22. 農村ソーシャルワーク

23. 各学校が需要により開設した他のソーシャルワーク選択科目

(三)，ソーシャルワーク実習（必修，ソーシャルワーク専攻卒業生は 600 時間以上。他の卒業生は 800 時間以上。6 単位）

専門の監督を付けてソーシャルワークの実習を実施する。同期実習と集中（グループ）実習の 2 つに分け，二年以内に修了し，それぞれ単位として計算する。

(四)，学位論文：2 単位

七，学位論文

学生は指導教官のもとで，単独で学位論文を完成すべきである。論文はプロジェクトの設計と評価，実務研究または政策研究のどちらかでも認める。学位論文の口述試験に合格したあと，学位委員会の論議を経てから学位を取得することができる。

2) 華東師範大学ソーシャルワーク専攻の発展史，シラバス，実務訓練などの配置

(1) ソーシャルワークの基本状況

1913 年，アメリカ人葛学溥教授は滬江大学で中国の大学で初めての社会学部を創設した。新中国成立後，この学部は華東師範大学に組み込まれた。1917 年，葛学溥教授によってつくられた滬東公社がソーシャルワークの前身である。その時から，中国ソーシャルワーク専攻の産学官一体の教育体系が始まった。1979 年，中国大陸は社会学の発展を回復させ，中国社会学顧問の言心哲教授のリードのもと，華東師範大学が率先して社会学研究室を作った。言心哲教授は 1944 年にその代表作『現代社会事業』を発表し，中国の伝統文化から社会事業の起源と本質を探求することを重んじ，ソーシャルワークの本土化過

程について精密な分析を行った。華東師範大学社会発展学院ソーシャルワーク
学部は，産学官一体の教学体系，さらに行動と反省，理論と実務を結びつける
ことを固く守り，国内にもっとも早くソーシャルワークの研究，教学と実務を
展開した学科開拓校のひとつである。現在，ソーシャルワーク学部は 5 つの教
育と研究の小分類を設けている。それぞれは児童，青少年と家庭ソーシャル
ワーク；高齢者ソーシャルワーク，医療と実務ソーシャルワーク；社会福祉と
政策；コミュニティサービスと管理である。教学において，ソーシャルワーク
学部は中国社会経済の発展と国のシステム建設がソーシャルワーク人材の要求
に応え，ソーシャルワーク理論の学習と実務技能の応用を重要視し，学生の独
立した研究能力，イノベーション能力と問題を解決する能力を養成する。これ
によって，学生に社会ルールと社会現象を明確に理解してもらい，環境と人間
間の双方のコミュニケーションを整理して区別させる。これによって社会資源
をつなげ，個体と群体の問題を解決し，社会の公平と協和を促進する。

　ソーシャルワーク学部は教員が延べ 12 人であり，その内訳は，教授が 3 人，
副教授が 4 人，講師が 4 人のほか，専門実習監督が 1 名いる。教員はすべて国
内外の著名な大学の博士学位をもち，90％以上の教員は海外の学習経験があ
る。ソーシャルワーク学部が雇用している実務兼監共生教員は 10 人であり，
すべて MSW 学位および 5 年以上のソーシャルワーク実務経験をもっている。

　ソーシャルワーク学部の教員は各種の科研プロジェクト 32 項目を担った，
または担っている。そのうち国家社会科学研究の重要プロジェクトがひとつ，
教育部人文社会科学研究基地の重大プロジェクトがひとつ，県レベルの課題が
6 つ，県，部レベル以上の科研費は 150 万元である。著書と教材は 7 冊であり，
『中国社会科学』，『社会学研究』などの刊行物で CSSCI 論文を 40 本あまり発
表し，さらに国際雑誌で SSCI 論文を 20 本近く発表した。

　ソーシャルワーク実習センターに個別事案室，グループ活動室を設置し，そ
のうえ，配置したソーシャルワーク専門の実務ソフトや，ハードの面も最新式
である。これによってソーシャルワーク学部の実務教学の要求を完全に満し
た。

　ソーシャルワーク学部は現在50近くのソーシャルワーク実践基地と契約し，そのうち，上海市第一福利院，復旦大学付属児童病院は市レベルのソーシャルワーク実践基地であり，学生に専門の実習場所を提供することができた。

　ソーシャルワーク学部は現在，アメリカ，イギリス，香港と台湾などの地域の大学と機関と正式な協力関係を結び，現在毎年学生を選抜し，香港，マカオ，台湾などに派遣し，専門の実習と交流をしている。

　ソーシャルワーク専攻の学生は広い就職先があり，ソーシャルワーク専攻を卒業した学生の多くは政府，企業および公的機関，社会サービス組織，公益慈善機関などに勤めている。

発展の軌跡：

2005年，社会人ソーシャルワーク専攻を募集し，そして社会学四年制大学の専攻に「ソーシャルワーク」の小分類を設置。

2007年，「ソーシャルワークと管理」の大学院を設置。

2008年，「ソーシャルワーク」の小分類の四年制大学生と大学院生を募集。

2010年，ソーシャルワーク実習センターを設立。

2011年，ソーシャルワーク専門職学位大学院生（MSW）を募集。

2015年，社会発展学院とニューヨーク大学社工学院が調印した「双学位」博士共同養成プロジェクト。

2017年，非全日制のソーシャルワーク専門職学位大学院生を募集（MSW）。

2017年，「ソーシャルワークと社会政策」専攻の博士を募集。

（華東師範大学社会発展学院ホームページ 2019）

(2) 社会福祉専攻大学院生養成方法およびシラバス等

　本学部が開設した主な科目の目標は以下になる。専門職学位の大学院を例に，学生の「人を重視し，他人を助け，自分を助け，公平公正」という専門の価値観を育て，ソーシャルワーク理論と方法を身につけさせる。中国の社会政策を熟知し，比較的強い社会サービス企画，執行，監督，評価と研究の能力をもち，豊な実務経験だけではなく，先進的な理論思想をもち，ソーシャルワーク領域で卓越した引率力と管理能力の高度応用型人材のプロのソーシャルワー

カーを養成する。

全日制と非全日制の学生は在籍修業年限が2.5－5年である。養成方法は理論と実践の結合を強調し，専門性のある実践能力に重点を置く。養成方法について，全日制のソーシャルワーク専門職学位の大学院生には以下のように想定する。

国際的な養成方法を強化する。教育部門がソーシャルワーク専門職学位の大学院生の養成要求に基づき，国際ソーシャルワーク専門職学院の大学院生の養成モデルに整合させることに務め，海外の著名な大学と協力しあい，ソーシャルワーク専門職の大学院生を養成するモデルを模索する。さらに，海外の専門家を招聘し，授業とトレーニングをし，二言語教学建設プロジェクトを開発する。これによって，学生のグローバル化と専門化の質を高める。

学生の実務能力を強化する。実務への応用を目標とし，研修，実習等を通して，学生の専門性の価値を強化し，専門職としての倫理を高める。学生の個別事案作業やグループ作業とコミュニティ作業の方法，技能および政策と実務能力の整合能力を育成し，学生が社会において柔軟かつ効果的に問題を解決することを促進する。

多くの学科を受講することによって視野を広げる。社会学という大きな学科資源を科目の開拓プラットフォームとし，学生に社会学と人口学，人類学および民俗学など，多くの学科の選択科目を提供する。これにより視野を広げ，学生の素養を高める。

学生の専門的価値を作り上げる。学生の専門性の促進を核にして，学生自身の潜在能力を重視し，学生自身のプロとしての自信とパーソナルアイデンティティを高め，社会的責任感を有する専門職ソーシャルワーカー人材を養成する。

科目設定と単位数：

大学院生は口述試験資格審査の段階に入る前に，少なくとも36単位を取得していること。そのうちリベラルアーツは5単位，専攻必修科目は15単位，専攻選択科目は8単位，専攻実習は8単位である。各科目と単位数は以下にな

52

る。

（一）リベラルアーツ（7単位）

1. 中国特有の社会主義理論と実践研究（2単位）

2. マルクス主義と社会科学方法論（1単位）

3. ソーシャルワーク専門英語（3単位）

（二）専攻必修科目（15単位）

1. 社会政策（3単位）

2. 上級ソーシャルワーク実務（3単位）

3. ソーシャルワーク理論（3単位）

4. ソーシャルワーク研究方法（3単位）

5. ソーシャルワーク倫理（3単位）

（三）専攻選択科目（28単位）

1. 異常心理学（2単位）

2. 家庭における治療法と家庭ソーシャルワーク（2単位）

3. 高齢者社会福祉と政策（2単位）

4. 医療実務ソーシャルワーク（2単位）

5. 公益慈善とソーシャルワーク先端講座（2単位）

6. プロジェクト設計と評価（2単位）

（四）専門実践（8単位）

非全日制ソーシャルワーク専門性学位大学院生の養成方法は以下の特徴がある。

単位制。学校が規定した課程の試験に合格した学生は，所定の単位を取得することができる。所定の単位を取得した人は学位論文を書く資格が得られる。学位論文は口述試験に合格した学生が，申請の流れにそってソーシャルワーク専攻の学位を申請することができる。

多様な教授方法。授業は講義，ゼミ，フィールドワーク，専門実習など多種多様の形式で行う。実務の授業は現代化のメディア教室，ソーシャルワーク実

験室など，ハード面での施設を配置する。さらに，実践経験のある優秀な社会福祉士が招聘できる場合のみ，授業または講座を開設し，事案分析の教授法で授業する。これによって，学生のソーシャルワーク実務技能を高めながら，研究能力を養成する。

　実習を重視する。学生には少なくとも 800 時間の専門実習が求められる。学校の指導と実習機関の指導の二重作用を発揮し，実習の養成レベルを向上させる。実務への応用を目標とし，研修，実習等を通して，学生の専門性の価値を強化し，専門職としての倫理を高める。学生の個別事案作業やグループ作業とコミュニティ作業の方法，技能および政策と実務能力の整合能力を育成し，学生が社会において柔軟かつ効果的に問題を解決することを促進する。

　学生の専門的価値を作り上げる。学生の専門性の促進を核にして，学生自身の潜在能力を重視し，学生自身のプロとしての自信とパーソナルアイデンティティを高め，社会的責任感を有する専門職ソーシャルワーカー人材を養成する。

　科目設定と単位数：

　大学院生は口述試験資格審査の段階に入る前に，少なくとも 36 単位を取得していること。そのうちリベラルアーツは 5 単位，専攻必修科目は 15 単位，専攻選択科目は 8 単位，専攻実習は 8 単位である。

　非全日制ソーシャルワーク専門職専攻大学院生に関しては，各科目と単位に対する要求は以下になる。

　(一) リベラルアーツ (5 単位)

　1. 中国特有の社会主義理論と実践研究 (2 単位)

　2. マルクス主義と社会科学方法論 (1 単位)

　3. ソーシャルワーク専門英語 (3 単位)

　(二) 専攻必修科目 (15 単位)

　1. 社会政策と分析 (2 単位)

　2. 人類行為と社会環境 (2 単位)

　3. ソーシャルワーク理論 (2 単位)

4. ソーシャルワーク研究方法基礎 (2 単位)

5. 高級ソーシャルワーク実務 (2 単位)

6. 社会サービスプロジェクト設計と評価 (2 単位)

7. 論文作成 (2 単位)

(三) 専攻選択科目 (28 単位)

1. 認知行為治療 (2 単位)

2. 家庭における治療法と家庭ソーシャルワーク実務 (2 単位)

3. 医療実務ソーシャルワークの先端の進展 (2 単位)

4. 都市コミュニティワークと管理 (2 単位)

5. 青少年文化と青少年ソーシャルワーク (2 単位)

6. 青少年問題と箱庭治療 (2 単位)

7. 社会ソリューション人力資源管理と監督 (2 単位)

8. コミュニティワーク事案分析 (2 単位)

9. 高齢者ソーシャルワーク (2 単位)

10. 高齢者社会福祉と政策 (2 単位)

11. ソーシャルワーク定性研究方法 (2 単位)

12. ソーシャルワーク定量研究方法 (2 単位)

(四) 専門実習 (8 単位)

学位論文に対する要求。論文は主に 3 つの形式がある。実務研究論文，プロジェクトと評価類の論文と政策研究論文；論文の題材は社会の需要と結びつけ，ソーシャルワーク専攻の特徴と緊密に結び付ける。これによる社会建設，社会政策，公益サービス，社会ソリューションの発展とソーシャルワーク実務およびサービスの提供とする。論文の研究方法は妥当かつ謹厳でなければならない。さらに，十分な数の論文を発表することである。

学位の授与。規定された課程の単位を修了し，かつ論文の口述審査に合格し，学校の学籍管理の関連規定にふさわしい者に，大学院卒業証書を授与する。また，各専攻の学位審査チームの審査を受け，学校の専門職学位委員会の審議を

経て，学位判定委員会の承認を得た者が，ソーシャルワーク専門職学位を取得
できかつ専門職学位が授与される。

(3) ソーシャルワーク専門職大学院の専門実習に関する要求と配置

　ソーシャルワーク実習はソーシャルワーク教育における重要な科目である。
国際的な基準とソーシャルワーク実習に対する教育部の要求に基づいて，華東
師範大学ソーシャルワーク専門職大学院生は卒業するまでに800時間の専門実
習に参加しなければならない。ソーシャルワーク専門実習を通して専門の学生
が実務のなかでサービスを受けた人の行動や反応を観察し，かつ理解すること
が目的である。個人の感じ方を読み取り，反省し，知識，価値と技能を整合し，
専門分野での発展と自己成長につなげる。具体的には以下の達成を目標とす
る。「学生に安定的なソーシャルワークの専攻分野の価値観を形成してもらい，
専門性をもつ自分を作り上げる。また社会的なソーシャルワークへの需要と
ソーシャルワーカーの責任を理解してもらい，ソーシャルワークに従事する知
識，熱情と自信を蓄積してもらう。中国社会福祉制度の枠組みを明確に把握し，
社会福祉と社会サービス機関の運営を熟知する。理論を実践に運用でき，実践
のなかで理論に対する理解，検証，修正を深め，関連の理論知識を発展させる。
さらに，実践のなかで，有効なサービスモデルをまとめ，個性的な実務領域と
専門分野の特徴を作り上げる。

　実習タスク：実習する機関の背景と運営状況を理解し，実習生という身分で
機関の仕事に参加する。監督のもとで，適切なソーシャルワークの方法を運用
し，顧客に応じた専門性のあるプロジェクト設計を提供する。さらに，実施に
伴う総合能力を有することである。そのほか，実習を反省しまとめることであ
る。「双監督」と他の実習内容を議論し，相応の要求を時間通りに完成する。
そのうえ，決められた時間で計画書，業務日報，サービス記録など各種評価報
告を作成し，「双監督」の集団監督と個別監督および実習の反省会に参加する。

　実習委員会は本学部の5名の教員からなる。実習の評価と実習に関連する審
査の仕事に務める。

　実習過程：ソーシャルワーク学部が動員会を組織する―学生が実習機関申請

書を提出する―ソーシャルワーク学部が審査許可する―学生は実習機関を確定する―実習終了後、学生は実習資料をソーシャルワーク学部に提出する―ソーシャルワーク学部が実習機関の監督結果に基づき，学生の総合評価を行う。

　ソーシャルワーク学部は，毎年香港などの地域へのソーシャルワーク実習活動を組織し，学生は自由に応募することができる。学校側，学部側は学生を選抜し具体的なネームリストを決め，毎年30名以内の学生を選抜し派遣している。実習交流は毎回1週間であり，費用は学校，学部側からの助成金，学生の実費負担の3つからなっている。実習の時間数は専門実習の時間数と相殺することができる。

　全日制の学生が学期ごとに実習機関で勤務する時間数は以下の通りである。

　学生に少なくとも800時間の専門実習を求める（第二学期は200時間，三，四学期は各300時間），非ソーシャルワーク四年制大学生には1,000時間の実習を求める（第一，二学期は200時間，三，四学期は各300時間）。

　第一学期：四年制大学非ソーシャルワーク専攻の学生が実習機関で200時間の実習をする。その上，実習機関の特徴，運営，プロジェクト，サービス方法と内容について全面的に理解すること。さらに，毎日実習日報を書き，実習修了時に監督の審査を受ける。

　第二学期：すべての学生は実習機関で200時間の実習を完了させる。そのうえ，実習機関の特徴，運営，プロジェクト，サービス方法と内容について全面的に理解をすること。さらに，毎日実習日報を書き，実習修了時に監督の審査を受ける。また，社会福祉プロジェクトに関連のある知識を重点的に理解し，次のステップの実習に備える。

　第三学期：実習機関で300時間の実習をする。実習機関でソーシャルワークプロジェクトに参加し，少なくともひとつのグループの作業，ひとつのコミュニティの作業またはコミュニティの大型の活動に参加すること。さらに，個別事案を体験することである（メインのソーシャルワーカーとしてでなくてもいいが，少なくとも一回助手として個別事案サービスに参加すること）。

　第四学期：実習機関で300時間の実習をする。ソーシャルワークプロジェク

トのなかで重要な役割を果たすことを要求する。例えば，プロジェクトの管理，
運営，ソーシャルワーク行政監督等。少なくともひとつのソーシャルワークプ
ロジェクトをやり遂げる必要がある（計画，実施過程の把握，評価等）。あるいは，
指導教官の同意のもとで，指導教官と一緒に 300 時間のソーシャルワークに関
する研究をすることである。

　全日制学生は実習に参加する際，実習機関はソーシャルワーク学部と協力関
係を締結した機関でなければならない。実習機関に学生の実務を監督できる専
門のソーシャルワーカーを有すること。その上，専門のソーシャルワークプロ
ジェクトをし，学生が実習期間で専門のトレーニングが受けられること保証す
ることである。

　非全日制ソーシャルワーク専門職大学院生の実習内容は全日制とは異なる。

　実習時間は 800-1000 時間で，三段階に分けられる。そのうち，非ソーシャ
ルワーク四年制大学生または関連のある専攻の卒業生（社会学，心理学）に関し
ては，1000 時間の実習をすること（第一段階は 200 時間増す）。

　第一学期，実習 1：四年制大学非ソーシャルワーク専攻の学生は実習機関で
200 時間を実習すること。その上，実習機関の特徴，運営，プロジェクト，サー
ビス方法と内容について全面的に理解すること。さらに，毎日実習日報を書き，
実習修了時に監督の審査を受ける。

　第二学期，実習 2：実習機関で 500 時間の実習をすること。実習機関でソー
シャルワークプロジェクトに参加し，少なくともひとつのグループの作業，ひ
とつのコミュニティの作業またはコミュニティの大型の活動に参加すること。
さらに，個別事案を体験することである（メインのソーシャルワーカーとしてで
なくてもいいが，少なくとも一回助手として個別事案サービスに参加すること）。

　第三学期：実習機関で 300 時間を実習すること。ソーシャルワークプロジェ
クトのなかでさらに重要な役割を果たすことを要求する。例えば，プロジェク
トの管理，運営，ソーシャルワーク行政監督等。少なくともひとつのソーシャ
ルワークプロジェクトをやり遂げる必要がある（計画，実施過程の把握，評価等）。
指導教官の同意のもとで，指導教官と一緒に 300 時間のソーシャルワークに関

58

する研究をすることである。

　ソーシャルワーク学部が行った実習工房に参加する。

　実習機関に対する要求は以下になる。非全日制の学生は社会人であるため，実習機関は本学が限定する実習拠点の必要はない。学生の仕事と結びつけながら，適宜に学生を配置すること。ただし，実習機関は専門の資質を有し，運営中のソーシャルワークプロジェクトと専門のソーシャルワーカーを有することが必要である。ソーシャルワークと関連のある仕事に従事する学生は，その職場で実習することができる。ソーシャルワークと関連のない仕事に従事する学生は，本校が提供した機関を選び，実習を完成することが求められる。またはソーシャルワーク機関を自ら選び，実習を行うことができる（自由に選択した機関は学生から申請書類を提出する必要がある）。監督は指導教官として責任を負う（指導，評価）。

引用・参考文献

安秋玲，2013，《实践性知识视角下的社会工作本土化建构》，《华东师范大学学报(人文社会科学版)》第 6 期.

——，2016，《社会工作知识本土建构：基于实践场域的进路与策略》，《华东师范大学学报(人文社会科学版)》第 6 期.

古学斌，2011，《三重能力建设与社会工作教育》，《浙江工商大学学报》第 4 期.

郭未，沈晖，2018，《从传统走向非传统：社会工作专业教育的新取向》，《南京大学学报(哲学・人文科学・社会科学)》第 5 期.

何雪松，2018，《社会工作的社会理论：路径与议题》，《学海》第 1 期.

林小秋，2008，《社会工作专业教育在中国的发展》，《社会工作》第 1 期.

刘华丽，2006，《社会工作教育在中国的发展》，《华东理工大学学报(社会科学版)》第 1 期.

彭华民，2017，《中国社会工作学科：百年论争，百年成长与自主性研究》，《社会科学》第 7 期.

彭秀良，2017，《葛学溥的社会工作实践》，《中国社会工作》第 8 期.

史柏年，2011《"中国社会工作专业实习教育与发展" 笔谈》，《浙江工商大学学报》第 4 期.

王世军，2001，《金大金女大社会工作专业沿革》，《南京师大学报(社会科学版)》第 5 期.

王思斌，2004，《雷洁琼的社会工作思想与实践》，《社会工作》第 9 期.

文軍, 何威, 2014,《从 "反理论" 到理论自觉 : 重构社会工作理论与实践的关系》,《社会科学》第 7 期.

向德平, 2008,《中国社会工作教育的发展取向及其反思》,《社会科学》第 5 期.

熊跃根, 2005,《转型时期中国社会工作专业教育发展的路径与策略 : 理论解释与经验反思》,《华东理工大学学报(社会科学版)》第 1 期.

周建树, 2016,《研究, 服务, 训练 : 民国时期高校社会工作专业人才培养机制的构建——以燕京大学, 金陵大学为例》,《社会工作》第 4 期.

中国学位与研究生教育信息网, 2012,《社会工作硕士专业学位指导性培养方案》http://www.cdgdc.edu.cn/xwyyjsjyxx/gjjl/szfa/shgzss/xgjs/275982.shtml, 7 月 19 日.

华东师范大学社会发展学院网站, 2019,《社会工作系简介》http://www.soci.ecnu.edu.cn/10637/list.htm, 7 月 20 日.

中国社会工作教育协会网, 2019,《中国社会工作教育协会简介》http://www.caswe.org.cn/introdetails?id=1, 7 月 20 日.

中国发展简报网, 2019,《2018 年度中国社会工作发展报告》http://www.chinadevelopmentbrief.org.cn/news-22678.html, 3 月 22 日.

中華人民共和国中央人民政府網(2019)「国情」
http://www.gov.cn/guoqing/　2019.7.20 閲覧

中華人民共和国国家統計局網(2019)「人口基本情況」
http://data.stats.gov.cn/tablequery.htm?code=AD01 2019.7.20 閲覧

中華人民共和国国家統計局網(2019)「2018 年国民経済和社会発展統計公報」
http://www.stats.gov.cn/tjsj/zxfb/201902/t20190228_1651265.html
2019.7.20 閲覧

卒天雲(2018)「"七有" : 中国特色社会主義新時代的福利思想」『学術探索』第 11 期.

竇玉沛(2006)「中国社会福利的改革与発展」『社会福利』第 10 期.

関信平(2016)「論当前我が国社会政策托底的主要任務和実践方略」『国家行政学院学報』第 3 期.

景天魁(2013)「社会福利発展路径 : 叢制度覆蓋至体系整合」『探索与争鳴』第 2 期.

劉継同(2017)「中国現代社会福利発展段階与制度体系研究」『社会工作』第 5 期.

王思斌(2017)「積極托底的社会政策及其建構」『中国社会科学』第 6 期.

王思斌(2009)「我が国適度普恵型社会福利制度的建構」『北京大学学報』第 3 期.

鄭功成(2011)「中国社会福利改革与発展戦略 : 叢照顧弱者到普恵全民」『中国人民大学学報』第 2 期.

鄭功成(2017)「全国理解党十九大報告与中国特色社会保障体系建設」『国家行政学院学報』第 6 期.

鄭功成(2010)「叢高増長低福利至国民経済与国民福利同歩発展—アジア国家福利制度

 的歷史与未来」『天津社会科学』第 1 期.
韓克慶(2011)『転型期中国社会福利研究』，北京：中国人民大学出版社.
田毅鵬(2017)『中国社会福利思想史』，北京：中国人民大学出版社.
王愛平(2013)『中国社会福利政策研究』，北京：中国社会出版社.
王子今・劉悦斌・常宗虎(2013)『中国社会福利史』，武漢：武漢大学出版社.
周良才(2008)『中国社会福利』，北京：北京大学出版社.

訳者注

1)「福利」の翻訳について注を書き加える。中国における「福利」の定義には広義と狭義の2つの捉え方がある。「広義の福利」とは，社会成員の生活水準を高めるための各種の政策・制度と社会サービスの総体であることを指す。「狭義の福利」とは，生活能力が弱い児童や高齢者，母子家庭，障害者，慢性精神障害者等に提供する社会救助を含む社会サービスを指す。

　日本における「社会福祉」とは，「市民社会において社会的にバルネラブルな状態にある人びとに提供される社会サービスのひとつであり，多様な社会サービスと連携しつつ人びとの自立生活を支援し，自己実現と社会参加を促進するとともに，社会の包摂力を高め，その維持発展に資することを目的に展開されている社会的組織的な施策の体系である。その内容をなすものは，個別的，対面的応答という視点と枠組みから，人びとの生活上の一定の困難や障害，すなわち福祉ニーズを充足あるいは軽減緩和し，自立生活の維持，自立生活力の育成，さらには自立生活の援護を図り，またそのために必要とされる社会資源を確保し，開発することを課題として，自治体・国ならびに民間の組織・団体等によって設計運営されている各種の制度（サービスプログラム）ならびにその実現形態としての援助の総体である」（古川 2009：12）。

　以上の日中両国の「福祉」と「福利」の概念の捉え方を踏まえ，中国における「広義の福利」の定義は日本の「社会福祉」の定義と近いことと，中国の「狭義の福利」は日本「社会福祉」の一部分であることがわかった。本書の第1，2節では歴史的視点から中国における福利の変遷を概観するものであることと，内容からみると，従来から中国における福利は社会的弱者に提供するサービスを指すことが主であるため，本書の翻訳にあたっては中国の「福利」をそのまま用いるようにする。

2) 本文中に引用している古文を翻訳せずにそのまま用いるようにする。その理由は，まず，本章の目的のひとつとしては中国古代において実施していた福利を考察することであるため，本文中に引用している古文はあくまで福利を考察するための手段であることと，古文の意味は現代文の意味とかなり違うため，そのままの引用は意味があると考えることからである。

3) 茆海燕　城西国際大学　福祉総合学部　福祉総合学科　助教

第3章 中国仏教寺院における活動から考える仏教ソーシャルワーク

新保 祐光

第1節 本章の目的と範囲

　本研究における仏教ソーシャルワークとは，仏教の価値観に基づいた福祉的活動全般を指す。これは地域性（リージョナル）を踏まえたソーシャルワークとは何かを検討することが本研究の目的であるため，西洋から輸入したソーシャルワークを軸にみていくのではなく，もともとその地域で行われていた福祉的活動からリージョナルなソーシャルワークとは何かを考えていくためである。仏教の価値観に基づくのは，アジア地域での長い間有力な宗教として位置づけられているからである。

　中国における仏教ソーシャルワークについて検討するための一つの材料として，寺院における福祉的活動について，中国南部において現地調査を行った。中国は国土が広いだけでなく地域によって言語も異なる。また3寺院と調査を行った寺院の数も少ない。そのため今回の調査結果は，中国全体を代表するものではないことをはじめに断っておく。

　また今回のインタビューは，価値・思想に関わる内容であり，抽象度の高さや内容の複雑さがある。そのため可能な限り正確なデータを得ようと，大学教員として十分に調査研究に関する知識があり，かつ中国語を母国語としながらも日本の滞在歴の長い研究者（複数）に通訳を頼んだ。

　しかしインタビューの過程では十分にお互いの意思が通じているか確信がもてない場面がいくつかあった。当然その場面では，理解の共有を可能な限り努力し，分析段階でもインタビュー時のメモ，音声，逐語データから多角的に検討している[1]。

1）　1例をあげれば，理解を深めるために思想に関して漢字であらわしてもらい，漢字の意味で理解を共有しようとしたところ，「このなかに表される意味は，その漢字1字に含まれないより深い意

　また中国での調査を行うにあたり，何人かの中国の研究者と交渉し，交流をもつ
なかで，調査結果の妥当性を慎重に検討することが強く求められた。結果の妥当
性の慎重な検討は，研究者としては当たり前のことであるが，他国のことについ
て調査し，公表することの責任について再度認識した。

　特に今回の研究がリージョナル（地域性）を大事にするならば，筆者の未熟
さ故の誤解や理解不足によってその地域や個人，意思に対する適切な記述がで
きず，不利益や不快な思いをさせること等が起こり得ることに対し最大限の配
慮をすべきである。そのため，本章では実践事例の聞き取りを中心とした質的
データを扱うが，調査対象寺院，および僧侶名は匿名化することとした。しか
し匿名化したとしても，中国南部の仏教寺院で実際に行われている活動として
検討し，公表する意義は十分にあると考える。

第2節　研究基盤としての中国研究者との交流

　今回の研究全体の目的は，アジア地域のリージョナルなソーシャルワーク
の定義を検討することである。つまりアジア地域の地域や文化を踏まえた，
より実態に応じた定義とは何かの検討である。中国の研究を行うにあたり，
文化も制度などの違いもあるため，インタビューや観察の精度をあげ，リッ
チなデータを得るためには，中国のソーシャルワークや社会活動に関する理
解を深める必要があると考えた。

　そのため，中国のソーシャルワークの現状を理解するために行った中国研究
者との交流や中国の実践の理解の過程を記す（なお，中国研究者との交流は，金
潔を中心に本研究事業開始前の2014年から行っている）。

味がある」との話があった。

2014 年

　石川到覚，金潔，大正大学教員（宮崎牧子・坂本智代枝）にて，上海華東師範大学研究者と交流。

写真 3-1

2015 年

　石川到覚，金潔，大正大学教員（高橋一弘）にて，上海華東師範大学研究者と交流。社区，社会福祉施設，寺院の見学と，僧侶および信者へのプレ調査。

写真 3-2

2016年

　石川到覚，金潔，新保祐光，上海華東師範大学研究者と交流。社区，社会福祉施設見学。この際，石川が華東師範大学にて記念講義「日本における精神保健福祉とソーシャルワーク」を行った。この際，熱心に仏教寺院で福祉的な活動を行う信者2名を研究者に紹介していただきインタビューを行い，寺院活動

写真 3-3

写真 3-4

と福祉活動の実態について学び，現状に理解を深める。

　またこの年，中国華東師範大学から今回の報告書の執筆者でもある韓暁燕先生，郭娟先生ともう1名の教員曽凡林先生が大正大学に来校し，大学院での特別講義「エコシステムの視点から社会組織の育成方法に関する研究—上海市M区W鎮の事例を通して—」，大学での特別講義「中国の児童福祉の課題と展望について」を行った。このほか高齢者施設，区民ひろば，寺院の見学を行った。

写真 3-5

写真 3-6

写真 3-7

2017年

　石川到覚，金潔，新保祐光，ほか大正大学院生 2 名にて，仏教ソーシャルワークに関する調査を 1 ヵ寺で行う。加えて上海華東師範大学研究者と交流。社区，社会福祉施設見学。石川が華東師範大学にて記念講義「日本におけるコミュニティソーシャルワークの動向―豊島区民社会福祉協議会の取組みを中心に―」

写真 3-8

写真 3-9

を行った。この際，熱心に仏教寺院で活動を行う信者 1 名を研究者に紹介していただき，寺院における社会活動に関するインタビューを行った。

2018 年

　石川到覚，金潔，新保祐光にて仏教ソーシャルワークに関する調査を 2 ヵ寺で行う。および華東師範大学との交流を行う。

　またこの年，華東師範大学学科長黄晨熹先生が大正大学に来校し，大正大学教員と研究交流，学生の実習報告会見学。

写真 3-10

2.1　調査対象の選定

　今回の調査は，中国の社会福祉研究者と意見交換するなかで，また熱心な仏教信者のインタビューのなかであげられた社会活動を積極的に行っている寺院を対象とした。そのうえで実際の場面の見学と責任者である僧侶にインタビューを承諾していただいた寺院で調査を行った。

2.2　調査の方法

　調査は，福祉活動の場所や内容の見学とその活動を主として行っている僧侶へのインタビューを行った。3つの寺院で調査を行い，僧侶へのインタビュー時間は 60 分から 120 分の間である。聞き取りは日本の僧籍をもつ社会福祉研究者 2 名が中心となり，中国語を母国語とするが日本に滞在歴の長い研究者 2 名を通訳とし，その他現地コーディネーターによる補足や助言を得ながら進めた。

　また，中国研究者による紹介を受けた熱心な仏教信者 3 名にインタビューを行っている。これは仏教ソーシャルワークの活動主体以外からみた活動を聞き取ることで，調査で得た結果のトライアンギュレーションを意図している。

2.3　調査の視点

　聞き取りは，①　いつから始まったか，②　どのような活動をしているか，③　どうしてそのような活動をしているのか（活動の根拠としての仏教思想，僧侶として目指すべき人間観，社会観）を軸に半構造化インタビューを行った。

第 3 節　調査結果

　（以下の記述は，特定化を避けるために 3 つの寺院調査すべてから行ったものをまとめて記述している。）

3.1　いつから始まったか

　これはすべての寺院が文化大革命[2]終結以降との説明であった。文化大革命中は宗教が否定され，宗教拠点としての寺院がほとんど機能しなかったためである。ただし，文化大革命中も僧侶個人としての福祉活動はしていたとの回答はあった。

　また，2章の塩入の「福田・悲田思想」の説明にあるように，唐以前の古くから寺院，僧侶による福祉的活動は行われていた。そのため文化大革命中は中断していたと理解するべきであろう。

　現在の中国の寺院において福祉的活動が再開してからの期間は40年前後とあまり長くないが，2000年前後から寺院規模や活動内容が急激に拡大している寺院が多いとのことであった。そのような寺院での活動は，お供え物の分配が月に6,000kgなど，かなり大規模に行われている。

3.2　どのような活動をしているか

・僧侶の個別相談
・宗教教育（宗教教育とは仏教を教えるのみでなく，子どもたちに読み書き，計算，書道，絵画等も教えることである。）
・寺院の協力者（寺院からではあるが僧侶ではない）による貧困家庭，独居家庭の訪問
・寺院へのお供え物の貧困者への分配
・寺院での無償，安価での食事や宿泊場所の提供
・寺院敷地内に老人ホームの設立・運営（この老人ホームは，ただの介護ではなく看取りもイメージしているよう。）
・地域の役員活動（医師や社長などの地域の名士の集まりへの参加。）
・奨学金の授与

---

2)　文化大革命では，マルクス主義に基づく宗教の否定が行われ，仏教寺院の多くが破壊された。

3.3 どうしてそのような活動をするのか，活動の根拠としての仏教思想，僧侶として目指すべき人間観，社会観（　）内はその言葉の説明

① 僧侶としての役割

・信者がいて，信者にもいろいろしてもらっての寺院だから，信者に僧侶としてできる限りのことをするのは当たり前

・仏教を広めるため

・経典を学ぶ（本尊の教えを学ぶ。そして学んだことを実践している。）

・困っている人を実際に見たため，その人たちに何かするのは僧侶として当たり前。

・自分たちの勉強になる

・よいことをすると自分にもよい影響がある

② 仏教思想に基づく行為

・良心（自分自身が正しくあるために実践する。）

・感謝（仏の教えへの感謝として実践している。）

・因果（教えはずっと実践されてきて，その結果として自分がいて，自分の寿命は長くてたった100年だけれども，自分が出来るのは長い時間の一瞬だけれども，今まで教えが続いてきたようにその次につなげていくために実践する。）

・輪廻転生，皆具成仏道（過去は動物として生き，生まれ変わって，今は人間ということもある。すべての生き物は成仏できる。だからよい行いをするし，すべてのものがよく生きることが望まれる。）

・縁起（今ここで研究者と僧侶が会うのも縁があるからで，その縁はきっと過去にもつながっていて，100年前かも，1000年前かもしれない。だから今縁のある人たちとの機会を大切にする。そしてそれはずっと続いていく。だから実践する。）

・色即是空（宗教だけの話ではない。科学も大切にする。ただ，科学だけを信じればいいと人々は思ってない。根拠があるものもないのと同じだし，無いけれどもある。絶対ということはない。だから科学者とも対話する。だから社会でおこっていることに関心をもち，できることを実践する。）

・慈悲喜捨（慈は，慈愛の慈。ただ人だけでなく，植物，動物とかすべてのものに

対して，悲しんでることがあれば，楽しみに変わるように，人々が楽しんで生活
することが大事。これで世の中は平和になる。だから実践する。)
・唯一の平等は生老病死 (誰にでも苦は訪れる。だから実践する。)
・エゴをなくして無我 (生まれてきたときは，何ももって生まれていない。死ぬと
きも何ももって行かない。だからエゴっていうのはとても短い。だからこそもっ
ているものをなるべく他の人に使うよう，実践している。それが無我である。)
・道と徳・道徳 (中国 5000 年の伝統文化のなかでつちかわれた文化。自然の規律に
逆らわずに生きていくことが大切。大切なのは知識とかではなく道徳に基づく生
き方が大事。だから実践する。)
・中道とすべてのものへの敬意 (食べ過ぎるのもよくないし，食べないのもよくな
い。だから食べるために鳥を殺しすぎるのもよくないし，殺さなくてもいけない。
しかし，ちょうどいい数は殺せない。だから余ったものは鳥に対しての礼儀とし
て，仏様にお供えをする。)
・礼儀 (どんな環境でも礼儀は大事。)

第 4 節　仏教ソーシャルワークへの示唆

4.1　思想に意味づけられる行為
「どのような社会的活動をしていますか」の問いのなかで，ある大師がお供
え物の分配や奨学金の授与について説明したときに「物だけでなく，思想的な
ものも」強調した。それはただ必要とする人々に物や金銭を渡すだけではない。
仏教者が渡す行為自体が仏教思想によって意味づけられる行為であり，またそ
の行為はそこで終わるのではなく，多様な意味をもって広がることを強調した
のである。仏教教育のところでも，単に読み書きを教えるのではなく，仏教教
育なのだという説明があった。
　これはケースワークの起源ともされる COS (Charity Organization Societies)
の個別訪問が友愛訪問と名づけられ，相手を尊重し，共感的態度を基盤とした
訪問だったことと関連づけられよう。個別訪問も意味づけによっては，貧困や

高齢者などハイリスクの人々の監視や管理になりえる。そうではなくソーシャルワーカーの個別訪問を相手への尊厳の尊重や暖かい関心を強く意味づけるために，あえて友愛訪問という名称にした。

　では，中国の僧侶の福祉的活動は，どのように意味づけられている行為なのであろうか。インタビューからは，僧侶の行為や存在は「因果」や「縁起」といった思想との関連のなかで意味づけられることが読み取れる。特に仏教は「輪廻転生」の考え方もあり，自分だけでなく前世や後世までを含めた長期の時間軸をも視野に入れ，その行為や存在を関係性のなかに意味づける。このことは，前章で塩入が中国仏教思想における社会事業との関連の深い思想のひとつとしてあげた「福田思想」ともつながる。よい行いの「因果」は，直接的な見返りではなく，「縁起」という時間軸も含めた多様な関係性のなかにあると考えるのである。

　そしてこの関係性を丁寧にみていくと，2つの特徴がみられる。ひとつは，人間だけではなく自然をも視野に入れた関係だということである。存在を関係性のなかで説明する時に，多くの場合に人間に限定されない，植物，動物，自然などとの関連が強調された。この人間以外の存在の強調は，意思疎通ができないかもしれない，まったく異なる多様な存在も包含する関連のなかで生きているのだと理解することができる。特に自然については強い力をもち，影響の強いものとして語られている。

　また植物や動物などとの関係のなかで，食べる，食べられるという関係が多く出てきた。これは単純な言い換えである搾取と搾取される関係として語られない。自分自身が前世や来世で動物や植物として生まれるかもしれないからである。だからこそ食べることは不可避であるが，食べる相手に対しても敬意をもち，感謝するのである。すべてのものは関係性のなかに生きており，その関係性のなかでは絶対のことはない。だからこそすべてのものに敬意をもって関係を築いていく必要がある，そのような社会観，いや世界観がある。

　もう一つは，「慈悲」，「感謝」，「礼儀」，「道徳」等が関係性の根底にあることである。これは人間をどう捉え，どう接するべきかという人間観を教えてく

れる。人間は苦からは逃れられない，だからこそ「慈悲」が必要だという。だからといって弱いだけではない。誰もが仏になれるからこそ「礼儀」「道徳」を重んじてよく生きなければならないという。先に述べた世界観とも関連し，仏教における人間観を示している。

　この仏教における世界観，人間観は，ソーシャルワークのグローバル定義の「社会正義，人権，集団的責任，および多様性尊重の諸原理」とも強く関連する。社会正義とは何か，人権とは何か等を考えていく上で，この世界観，人間観はきっかけとなり得る。ソーシャルワークが目指すべき世界観，ソーシャルワークが捉える人間観が西洋から輸入したものでなく，自分たちが実際に行っている行動と重なりあうのであれば，生活の質，その人なりの生き様を支援するソーシャルワークはよりよい実践が可能になるであろう。これらの世界観，人間観をより具体的に検討することで，今後アジアのソーシャルワークの定義をより地域に根ざした内容にすることを検討するひとつの検討の指針となる。

4.2　支え合いの拠点としての寺院

　中国の寺院の社会的活動の特徴の2つめは，寺院が支え合いの拠点になり得るということである。寺院には，信仰を基盤に，人，物がたくさん集まり，そしてそれを必要な人，場所へと循環させている。特に調査した一部の寺院は観光客も多い寺院であり，かなりの資源を循環させている。

　この循環は，ただの資源の再分配ではない。「信者あっての寺院」というように基づく行為を基盤に，寺院は得た資源を「エゴではなく無我」とあるように仏教思想に基づく行為によって他者のために，社会のためになるように循環させている。そして分配される信者も，○○寺からいただいた物として，特別な意味をもって受け取っている。たとえば信者の話では，奨学金でいえばただのお金ではなく，ありがたいお金だから無駄にしないよう仏，僧侶に感謝しながら，全力で学問に精進するとのことである。その意味が感謝の言葉や評判として家族や近隣にも広まっていく。そしてその広がりを踏まえて寺院や僧侶に，人や物が戻ってくる。このように行為は仏教思想に基づく意味づけが行わ

れるなかで循環し，仏教思想に基づく世界観が実現されようとしている。その拠点として寺院，僧侶の存在がある。

　中国においても，日本においても地域での支え合いを基盤とする地域づくりが，政策的な動向として推進されている。ソーシャルワークは専門職が解決するのではなく，対象者が自ら対処することを支援するため，自発的な行為には動機付けときっかけが重要となる。中国寺院では，動機付けとしての宗教，きっかけ，実施場所としての寺院がすでにあり，支え合いを基盤とする地域づくりのひとつのモデルとなっている。これをソーシャルワークはどのようにとらえ，連携，協働していくのか。実際に今回の調査とは別で行った台湾での聞き取りでは，寺院が日本における社会福祉協議会のような機能をしていたところもあった。無理に西洋のモデルに合わせて拠点を作るのではなく，この寺院を拠点とした支え合いの循環をどのようにソーシャルワークに包含していくのかということも，アジア型ソーシャルワークを検討するひとつのヒントとなろう。

4.3　マクロへの影響力

　活動の特徴の３つめとして，仏教寺院またはそこに所属する僧侶は，文化，行政に影響を与える存在である。これは前章で塩入が指摘した中国における国家仏教色の強さという特徴によるものであろう。

　また，たとえば寺院の敷地内の老人ホームの設立は，行政との連携がないと困難であるとの話も聞いた。寺院やその責任者である僧侶に対する信頼があるからこそ，行政も協力しているとのことである。信者の言葉だけでなく，地域の有力者による役員活動に僧侶が選ばれている事実からも，行政の信頼があることがわかる。

　ただし国家仏教色の強さは，国家からのトップダウンだけではない。寺院での教育や安価での宿泊場所，食事の提供は，かなり大きな規模で行われていた。それだけ利用者も多いのである。

　これらの活動は，誰でも利用できる。この活動を見聞きすることで，寺院や

仏教者の活動が社会のなかで位置づけられる。文化革命後，まだ40年ほどしかたっていないが，寺院を拠点とした支え合いの文化が形成されつつある。つまり，社会や文化の創造，変革を可能にするソーシャルアクションの基盤，担い手としての寺院や僧侶がなりうる。これもまた，前章で塩人が指摘した中国における国家仏教色の強さという特徴を裏づけるものであろう。

第5節　調査のまとめ

　なぜ，ソーシャルワークがあるのかという問いに対し，人がよりよく生きていく（well-being）ためには，抑圧された人々や社会的に不利な立場にある人々には支援が必要で，そのための専門的知識や技術が必要とされたからが答えとなる。この抑圧や社会的不利は，多くの場合社会構造や社会関係から導かれることが多い。だからこそ，社会で責任をもって支援していく必要があるのである。

　ただし社会の責任とは，社会正義とは，人間とは概念が曖昧なままでは，どのような社会が望ましいか，人はどのようにあるべきかという目標となるものが設定しにくい。その点で仏教思想に基づく世界観，人間観には，多くの示唆があり，また寺院や僧侶が実際にその拠点となり，世界観，人間観に基づき活動していることもわかった。またその活動は，仏教思想に基づく文化の形成も行っていることがわかった。

　今後は，このすでにある支え合いの思想，実践をソーシャルワークはどのように包含していくかを検討することが，アジア型のソーシャルワークを考えるうえでひとつの指針であると考える。

小括―中国における仏教ソーシャルワークの行方

石川　到覚

　半世紀前の日本は，中華人民共和国（以下，中国）の社会福祉に対する関心が高くとも，ほとんど情報が入らない社会的な事情があった。だが「日中国交正常化（1972 年）」によって状況が変化した 10 年後，重田信一（前大正大学教授・全国社会福祉協議会参与）団長の「中国社会福祉事情研修団（1981 年）」による視察の機会が得られた。その当時は，中国政府が「改革・開放政策（1978 年）」に転換した後であり，日本からの社会福祉研究・実践者らの視察団に"熱烈歓迎"をもって迎えられた記憶が残っている。訪問先は，上海市揚浦区少年宮，西安市計器部品工場（身体障害者保護工場），西安市第一保育院，綿紡績工場幼稚園，洛陽市郊外の労農人民公社南村生産大隊，蘆溝橋人民公社敬老院などの先進的な実践であった。この視察事情の詳解は，編集にも関与した『報告書』[1]に委ねたい。

　ちなみに，今回の調査研究の拠点になった上海市の華東師範大学[2]は，東中国の教員養成大学の伝統を有し，中国でソーシャルワーク教育が再開された後も国家的な教育省および上海市人民政府が運営する総合研究大学になっている。この伝統大学と大正大学との研究交流は，ソーシャルワーク研究・教育を展開する学部・大学院において前章で紹介したように 2014 年より始まり，両大学大学院社会福祉学専攻が教員を招聘し合う展開となっていた。そうした研究・教育交流の実績を活かすべく淑徳大学アジア国際社会福祉研究所の研究プロジェクト"アジア仏教ソーシャルワーク研究"への参画に至ったわけである。

　そもそも中国仏教は，第 1 章の塩入論文で述べられたように，道教と共に信奉された上，儒教思想との結合が中国仏教の形成に大きな影響を受けたという。そして，中国仏教の慈悲・福田思想が日本に伝来し，その後の日本におけ

---

1)　中国社会福祉事情研修団編(1981)『中国社会福祉事情研修報告書』(私家版)
2)　華東師範大学公式ホームページ：https://www.ecnu.edu.cn/(2019 年 9 月現在)

80

る仏教福祉思想に多大な影響を与えてきた。

　中国の概括的な政策動向については第2章で論じてきた。郭娟・韓暁燕共著の中国社会福祉・ソーシャルワークに関する論考には，中国の政策が社会主義市場経済システムの構築から公共サービスシステムの発展へ，そして社会主義調和社会の構築に移行し，さらに社会政策の新発展という段階を経ながら進展したとする。特に1990年代には，コミュニティ構築の概念を提唱する国家レベルの「社区建設政策」を打ち出し，コミュニティ公共サービスから「社区」を中心とした地域福祉システムの再構築へと転換し，すべての都市住民と農村住民に利益をもたらすためのコミュニティ型福祉システムの構築をめざした地域福祉の社会化運動を推進してきたとする。さらに2000年以降の社会福祉政策は，民政省の政策から国務院の国策レベルへと高められたとしている。

　一方，ソーシャルワーク実践史では，第二次世界大戦前には宣教師による欧米型ソーシャルワークによって展開されていたようである。それらソーシャルワーク実践と教育の制度化が本格化したのは，大戦後の1980年代に入ってからであり，日本での高齢化社会の急進を支える福祉専門職資格法「社会福祉士及び介護福祉士法（1987年）」の成立と同時期となる。中国のソーシャルワーク教育史から見れば，大戦後初めてのソーシャルワーク教育・研究機関の「民政省ソーシャルワーク教育研究センター（1989年）」が設立され，北京大学にもソーシャルワーク専攻の学部教育を始め，民政省の社会科研究の方向性を体系立てたソーシャルワーク専門教育が全面的な再開を果たしたとされる。

　その後の動向に関する黄驥，韓榮芝，包敏らの論考や王文亮の解説[3]では，2006年に法制化された「職業水準評価暫定規定」と「助理社会工作師，社会工作師職業水準試験実施方法」は，中央省庁の人事部と民政部による，いわゆるソーシャルワーカーの国家資格となる。その資格は「助理社会工作師（Junior Social Worker）」と「社会工作師（Social Worker）」と「高級社会工作師（評価方法は別に制定）」の3つの等級に分られている。また，評価方法では，全国統一

---

3)　王文亮「中国ソーシャルワーカーの時代は到来するか(5)―専門職化の推進」https://blogos.com/blogger/oubunryo/article/（2019年9月末アクセス）

の大綱，出題，時間，施行の試験を原則的に年に1回行い，合格者には「中華
人民共和国社会工作師職業水準証書」を与えるとする。その国家資格を有する
社会工作師の多くが社区におけるコミュニティワーカーとして採用されて活躍
している動向については，華東師範大学と協働する非営利団体の視察でも聞き
及んでいる。

　ところで，本研究テーマの基礎となる中国における宗教活動は，中国政府が
「文化大革命（1966-1976年）」の反省から保護政策に転換している。しかし，現
代中国の宗教統計は，精緻な報告がなくとも盧云峰の「当代中国宗教状況報
告」[4]によれば，宗教信者は，総数約1億人余り，宗教活動場所85,000ヵ所，
宗教団体3,000余りとし，総人口約14億人に比してきわめて少ない。その内
訳は，無宗教（89.56%），仏教（6.75%），キリスト教（2.30%），道教，伝統崇拝や
民族信仰の宗派（0.54%），イスラム教（0.46%），その他の信仰（0.40%）などとなっ
ている。そのなかでも仏教は，日本との国交正常化後には，中国内の仏教寺院
が荒れ果てていたものが現在では，日本の仏教教団との交流や華僑仏教徒など
の支援から中国の沿海部を中心に復興を遂げている。その仏教の寺院が1万
3000余ヵ所，僧・尼は約20万人とされている。その種別は，「漢民族仏教」，「チ
ベット仏教（ラマ教）」，「南伝仏教（巴利語系）」の3種類に区分され，多くの漢
民族仏教の信徒数さえも統計は示されていないという。

　こうした報告のように中国人民の大多数が無宗教とする調査結果であって
も，宗教活動の復活を予感させた今回の調査対象の仏教寺院では，家族連れの
参詣者や団参者が数多く訪れていた。また，仏教寺院の代表者や上海市仏教協
会の職員および大学研究者らの聞き取りでも，現代中国は歴史的にも宗教文化
が底流にあり，仏教信者がマイノリティの現況にあっても篤信者数は増加して
いるという。その典型は，調査に出向いた古刹の大寺院の境内に「一帯一路政
策」の理念を具象化する仏教伝来（シルクロード）の経緯がわかる歴史遺産（釈
迦像と仏典）を中心に展示した"仏教博物館"の新設に見出せる。

---

4)　盧云峰「当代中国宗教状況报告」https://baike.baidu.com/（2019年9月末アクセス）

82

　さらには，第3章の新保論稿で示したように現地調査での仏教寺院における仏教福祉理念の具現化では，面接した高僧らが信者・家族への個別相談とともに，高齢者施設の運営などの取組みにも強い意欲を示していた。加えて大学教員で仏教信者でもある研究者が非営利活動法人の責任者として社区におけるコミュニティ・ソーシャルワーク実践を推進していた。そうした社区の拠点をソーシャルワーク実習先にした教育実践からも仏教ソーシャルワークの行方を描けるかもしれない。

　そこで本研究の現地調査から着想した将来像をあえて描けば，中国政府が推進している"コミュニティ型福祉システム"の構築に向けた社区エリアにおける地区内の非営利組織（NPO）による挑戦的な取組みに加え，仏教寺院の地域福祉実践においては，社区エリアの象徴的な"祈りの場"である仏教寺院を拠点にした"仏教福祉システム"をも融合させるような"中国型福祉ミックス・システム"が有効に機能し合うといった新たな社区形成の構想を想い描ける，いわゆる"仏教コミュニティ・ソーシャルワーク"の新たな展開の行方を想定できるのではなかろうか。

台湾の調査研究にあたって

吉水　岳彦

　淑徳大学アジア国際社会福祉研究所「アジアのソーシャルワークにおける仏教の可能性に関する総合的研究」（平成27年度採択：私立大学戦略的研究基盤形成支援事業）の台湾の仏教ソーシャルワーク調査研究を進めるにあたっては，実に多くの台湾仏教の僧侶や仏教徒たちの協力を頂戴した。おかげで，戦後の台湾で発展を続けている佛光山，法鼓山，慈済会，中台山，霊鷲山，福智という6つの仏教教団のうち，中台山と霊鷲山を除く4つの教団の仏教ソーシャルワークの調査を実施することができた。

　限られた日程のなか，佛光山の仏教ソーシャルワークを長年にわたって牽引してきた慈容法師や依来法師が快く直接の取材に答えていただけたことは，まことに幸運なことであった。加えて，依来法師の執筆した仏教ソーシャルワークに関する論考の翻訳・転載の許可を得ることもできた。現地の仏教ソーシャルワーク実践者の言葉は力強く，日本の仏教ソーシャルワークに携わる者に，多くの良い刺激を与えることは間違いないであろう。

　福智教団の調査では，鳳山寺副住職の如得法師や多くの教団関係者に温かく迎え入れていただいた。教団が作成した福祉的活動や教育支援の現状の説明を受け，さらに大勢の信者たちが仏法を学んでいる場に同席させていただけたことも得難い体験であった。両教団でお話を聴かせていただいた僧侶たちは，通常であれば会うこともかなわぬ高僧たちであり，直接仏教ソーシャルワークに関する説明を受けられたことは，担当執筆者にとって望外の喜びである。

　また慈済会本部では，慈済大学准教授の純寛法師や慈済会所属のソーシャルワーカーに丁寧な説明を受けた。純寛法師は日本に留学していた折，佛教大学の故水谷幸正や淑徳大学の田宮仁に学んだこともあって，とても親しく話を伺うことができた。

　法鼓山高雄支部の紫雲寺では，法鼓山僧伽大学に関係する法師たちに話を伺

84

うとともに，同寺が管理している自然農法の畑を案内してもらいながら，学生ボランティアたちの活動する様子も拝見することもできた。平素から仏教寺院において僧侶と信者たちがともに，活動している姿を目にすることができたのも有り難いことであった。まことに多くの教団の僧侶や関係者にお世話になることができたおかげで，本書を執筆することができた。ご協力を頂戴したすべての教団関係者に心から感謝を申し上げる。また，この調査研究が実現できたことは，現地調査に協力してくれた教団関係者だけでなく，現地の調査先団体との交渉を行い，共に行動して通訳を行い，研究に有用なさまざまな知見を与えてくれた研究協力者たちの尽力のおかげでもある。

　各教団への事前アンケートを作成するにあたっては，大正大学の社会人講座で縁のあった日本在住の台湾仏教徒の李美静の協力をいただいた。また，李が東京佛光山寺とつながりをもっていたところから，佛光山の僧侶を紹介してもらうことができ，調査の第一歩を踏み出すことができた。

　台湾南部と中部に教団の本山，または支部をもつ佛光山，法鼓山，慈済会，福智の調査を行うにあたっては，台湾在住の仏教徒江連恵美子，翁俊彬，蔡家芸，高平二三子に多大な協力をいただくことになった。この4名は，台湾仏教ソーシャルワークの調査を担当する吉水が調査先の選定とアクセスに困難を抱えながらSNSで現地の情報を集めていたときに知り合い，まことに献身的にこの調査研究のために必要な団体や個人との連絡調整，及び必要な資料の翻訳，現地での通訳や運転まで担ってくださった。その尽力を賜らなければ，今回の調査研究は不可能であった。台湾における仏教ソーシャルワークの研究協力者各位にも，この場を借りて深く感謝を述べたい。

　最後に，本研究成果では，残念ながら中台山と霊鷲山の仏教ソーシャルワークの調査がかなわなかった。また，福智教団に関係のある民衆病院や，台湾におけるビハーラの先駆的な活動を行ってきた一如浄舍の調査も行っていながら，台湾におけるビハーラ活動に関する研究をまとめることができなかった。これらの点については，今後の課題としたい。

第4章　人間仏教における慈善の理念と実践

依来　法師

第1節　序　言

　仏教における慈善事業は早くもインドの釈尊の時代から始まっている。釈尊は49年間法話を説かれて衆生を教化し，講堂を建立して僧俗七衆の弟子が仏教に帰依することを受け入れ，五戒十善を唱道した。人々の心を教化する仕事を始められてからは，さまざまな法門を示教利喜（じきょうりき：法を教え，励まし，楽しませ，喜ばすこと）によって導き，行うことはすべて衆生を利益する公益事業であった。それゆえに，釈尊は世界でもっとも偉大な慈善家といえるであろう。

　釈尊はかつて病身の均頭比丘の身体を拭き，両目を失明した阿那律のために服を繕ったこともある。また釈尊は，信者が現世で安楽が得られるようにと慈悲喜捨を説かれ，サンガに対しては無常，無我の人生の実相を説き，波斯匿王（はしのくおう）等に対しては国家を治める方法を説かれた。そして盗賊や悪人に対しては布施，持戒，因果応報の道理を説いて，誤った考えから正しい考えに導き，人生をやり直しさせた。それゆえに釈尊は三界の導師，四生の慈父と呼ばれたのである。

　歴代佛弟子は佛陀の教化にしたがった弘法による衆生利益，自利利他を行った。それはたとえば，義学（学校）の設立，植樹造林，荒れた土地の開墾，井戸からの引水，橋の修繕と道の舗装，水利計画，粥や棺桶の布施，碾磑（てんがい：石臼）の設置，緊急救援，佛図戸（ぶっとこ：犯罪者を寺院で雇うシステム）の実施，長生庫（唐代の無尽蔵院。寺院に置かれた金融機関），悲田養病坊（悲田院・療病院・施薬院の三院を兼ねた社会福祉施設）の設置等が挙げられる。「弘法は家の務め，利生は事業なり」は，「無縁大慈，同体大悲」をもって衆生の心を思いやり，社会の仕事と慈善福祉事業に積極的に参加しながら仏教の慈悲観を具

体的に実践することである。『般若経』には「菩薩は衆生によりて大悲心を生じ，大悲心は菩提を育て，菩提によりて佛道は成就する」と説かれている。つまり，「上 (善趣) を求め，下 (悪趣) を教化し，苦を除き，楽を与える」が仏教における「慈悲」の精神および菩薩行の必要条件となる。

　佛光山の慈善事業は，佛光山の歴史において早い時期に始まっている。星雲大師は 1950 年，台湾北部の宜蘭におられた時，刑務所の受刑者への教導を始められ，1963 年，高雄の寿山寺建立後は，刑務所の教化グループを発足した。そして 1964 年，「慈善堂」を設立し，救済のための慈善活動，医療ボランティア，孤児や老人に対する福祉が始まった。佛光山の慈善事業の歴史は，遠く 1967 年にさかのぼる。星雲大師は佛光山の総本山を建立以来，「慈善事業」を四大宗旨のひとつに制定し，救済院，養老院，育幼院 (孤児院)，診療所の建設をはじめ，雲水病院 (移動車によるへきち医療) の実施，お墓を設置した。その誠意，貢献の一つひとつに思いをはせれば，それらには努力と涙の真実の物語と大きな祝福が背景にあることが分かる[1]。

　佛光山は，「人に信心，喜び，希望，方便を与える」ことを着実に実践し，「人に与える」という精神を，人間仏教をひろめていく方向性および目標としている。慈善救済は究極的なものではなく，食べ物や物資は一時的で永久的なものにはなりえない。したがって，教育を基盤として心の浄化を求めることを最終目標とする。大師は，仏教は一般の慈善団体とは異なるという考えを貫いている。単なる救済事業ではなく教育によって法を弘めることを重きにおく。「慈善はだれでもでき，かならずしも仏教の専門的事業とはいえないが，佛光山は随喜をもってこれを行う。教育は人心を浄化する。誰でもできることではないが，人心を究極的に救う慈善事業こそが仏教の根幹であり，佛光山は文化，教育を弘法の礎とする」[2]。人師は，「慈善による救済は現在の命を救うものだが，金銭による救済は一時的なもので，貪瞋痴の三毒を滅することはできない。ただ佛法の真理を広めることだけが心を浄化し，法身慧命を救うことができる。

1)　満義法師(2005)『星雲式の人間佛教』台北，天下遠見出版，p.238。
2)　満義法師(2005)『星雲式の人間佛教』台北，天下遠見出版，p.278。

そしてそれによって，人は煩悩を断ち切り智慧を拡大させて究極的な幸せを追求していく。これこそが最も完璧な慈善救済なのだ」[3] と考えられた。

　最良の慈善事業とは，文化と教育を兼ね備えたもので，文化，教育によって人材を育成し，人間仏教の精神を伝えるものである。思想，見解から人心を変容させ，社会における道徳レベルの向上をはかり，国民の生活品質を改善するものである。人間仏教の慈善は，「救済は急ぎ，貧困を救わず」である。人間仏教の慈善は法を弘めることにある。人心を救済することが最大の慈善であり，物質，金銭の提供にとどまることはない。真の慈善は，その内容，精神の奥深さにある。金銭，物資の慈善，布施は，ある日使い終わって尽きてしまうこともある。だが，佛法による布施は，今生今世に尽きることのない受用をもたらし，さらに来世においても受けて用いることができる[4]。

　「救済は急ぎ，貧困を救わず」というのは，人心が貧しいという問題こそが一切の問題の根源であると考えるからだ。四明の尊者・知礼大師は，「家庭内の倫理，両親への孝行，近隣との和睦，夫婦の相互敬愛，父が子を慈しみ，子が父への孝養をつくす，兄が弟に愛情を尽くし，弟は兄を敬うことが世間の善美であり慈善だ」と説かれる。『四明尊者 教行録』には「親孝行は世間の慈善」とある。人類社会における倫理をたもち，人心を謙虚に柔軟にし，孝養をつくし，人を敬うことこそが慈善の最高の表現だとする。『大智度論』にはさらにこう説かれる。「大慈與一切衆生楽，大悲抜一切中生苦；大慈以喜楽因縁與衆生，大悲以離苦因縁與衆生（大慈は一切衆生に楽を与え，大悲は一切衆生の苦をとり除く。大慈は喜びの楽の因縁を衆生に与え，大悲は苦しみから離れる因縁を衆生に与える）。」

　佛光山慈悲社会福利基金会（略称：佛光山慈悲基金会）は，慈悲による救済という釈尊の本懐に基づいて設立された。佛光山慈悲基金会は慈善事業の推進に

3)　星雲大師(2008)「佛教の「経済問題」に対する考え」『人間佛教における現在の問題座談会』上巻，台北：香海文化。
4)　星雲大師口述(2016)「佛光山法堂書記室妙広法師等の記録」『人間佛教，佛陀の本懐』高雄：佛光文化，2016年，p.292。

尽力し，幼き者を育て，老いた者を養い，病があれば治療し，老いてから最期に至るまで，病気の治療から往生時の遺灰の安置までの世話をする。お年寄りには清浄で幸せな生活環境を提供し，医療方面ではボランティア医療を全国で行っている。往生者のためのお墓や納骨堂（台湾・万寿園，アメリカ・西来寺ローズ陵，オーストラリア・霊山塔）も完備している。このように，一生における生老病死がすべて佛光浄土の中で円満に完了できるようなシステムを築いている。

　ここ数年，台湾や世界各地において水害，地震，台風，飛行機事故等の災害がたびたび発生している。そのため佛光山慈悲基金会では国際佛光会と協力し，時間と財力をかけて被災地における救援活動，スピリチュアルケア，復興活動を行い，被災者のために祈り，食料や衣料を届けて被災地の再建に協力している。台湾921大地震（1999年9月21日）後，佛光山の信徒たちは被災地の人たちに寄り添う活動を行っているが，それもすでに10年の月日が流れた。その間，被災地の人々の傷ついた心を癒し，彼らの存在価値を取り戻すために，新しい就業能力を育て，生きていく勇気をもたせるような活動も行っている。

　また，佛光人（佛光山の信徒のこと）たちによって，献血，海岸や山のクリーン活動，グリーフケアや助念，受験生の応援，刑務所の受刑者の教導などのボランティアが実施されているが，佛光人は，慈善公益活動の実践を生活の一部として行い，善行が自然な行為となるよう努めている。善行はお金ができてから行うのではなく，「善き事を行い，善き事を話し，善き事を心に考える」ことからはじめ，これを継続的に間断なく続けるのである。

　佛に学ぶがゆえに佛の行為を行う。佛法を生活に溶け込ませれば，人は誰でも善行を為し，財施，法施，無畏施を行うことができる。佛光山は善を行うことを故意に公然としたり，宣伝することはしない。疾病治療，災害の救済，貧しき者へのヘルプ等はすべて当たり前のこととして自然に行う。これだけでなく，世間の衆生を教化するという佛陀の本懐を広く表すために，慈善事業では，貧しき者を助け，貧しき者を支え，貧しき所から抜け出させるサポートを行っている。これは，佛法の実践を通して人心を浄化，向上させるという真義を段

階的に具現するものである。

第 2 節　人材育成の慈善事業

2.1　社会での教化

　前述した「救済は急ぎ，貧困は救わない」という概念は，社会における慈善に対する態度を表した言葉である。「パンを差し出すことは，焼く技術を教えることに及ばず。」正しい技能を学ばせて，それができるようになれば，その人は生計を立てることができる。深い意義があっての人助けこそが本当に人に与えるべき教育だ。もともと様々な事情で学業を中途放棄してしまった人たちを応援しその学習を支えることで，彼らが社会人になったときに，社会に良い貢献のできる人間となるようにと願う。

　国際佛光会香港協会は，1996 年より，中国の貧しい僻地でも教育が受けられるようにと 100 余数の「希望小中学校」を次々に建設，資金援助を行っている。また，国際佛光会世界総本部は，ネパール仏教青年会の Chandra Shakyam らに協力して，当地に仏教小学校を開校し，バングラデッシュの難民キャンプ教育基金に寄付を行った。なお，2007 年，雲水行動図書館（移動図書館）の創立以来，50 台の車が僻地の学校を訪問し，田舎の村落にまで巡回することで，文学的な社会を築く貢献をしている。

　星雲大師の説かれた「ブラジルの地に仏教を根付かせよう」という指示を受けて，ブラジルの佛光人は，貧民窟に入り，孤児院に足を運び，老人ホーム，病院，障がい者施設を訪問し，慈善救済を続けている。10 年は一日の如し，ほとんどのブラジルの貧困地区，及び施設には佛光人の足跡が見られ，救済米の総数は数百トンにも及んだ。また，防寒のために数え切れないほどの衣服を寄付している。貧困地区の子どもたちが正しい教育を受けず，ひとつの技術も学べなかったなら，将来は道を誤り，男の子は麻薬販売の道具に，女の子はシングルマザーになってしまうことが懸念された。そこで佛光山如来寺は，彼らが麻薬から離れて犯罪や貧困から抜け出せるようにと，2003 年，サンパウロ

の Cotia 村で「如来の子」教育計画を実施した。それは，坐禅，合唱，楽器，道徳教育，言語を学ぶほか，サッカーチームをつくり，木工，水道工事，電気工事，パンづくり等の技能を学ばせ，ブラジルでもっとも深刻な青少年の問題を解決することを目的としていた。

2004 年，「如来の子」計画は，貧困地区 Cruzeiro のサッカー協会の協力を得て，16 歳以上の若者たちを特別訓練し，そのチームを対外試合に参加させた。2016 年，如来の子サッカーチームは，感謝の意を表するために，自分たちの根である佛光山に赴いてアジア数国のチームと 9 回の親善試合をおこなった。ブラジル政府，警察，及びソーシャルワーカーたちは，貧困地区の犯罪をほとんど跡形もなく消したこの計画を絶賛した。

佛光山の南アフリカ南華寺では，南アフリカの僻地に住む貧困家庭の女性たちに，人生を変える機会を与えるために，2014 年，星雲大師の慈悲の言葉に従ってドラゴンチームを結成した。ドラゴンチームは，ローラーブレードによ

写真 4-1　ドラゴンチームローラーブレードによる龍の舞。驚きを隠せない南アフリカ大統領ズマ（中）（黄郁仁／撮影）

る龍の舞と敦煌の飛天，チベットの金剛舞，中国の太鼓，アフリカ太鼓，人間
音縁（佛光山の讃歌）等の芸術課程を学ぶほか，パソコン，中国語等の学科も学
び，メンバーに多方面の学習と発展の機会を与え，上に向かって発展成長して
いく自信をつけさせた。彼女たちは南アフリカおよび台湾での訓練を終えた
後，何度も舞台出演を重ね，人生をより色鮮やかなものにしている。これは，
彼女たちの運命を変えた最良の証明となるであろう。また，体育，音楽，ダン
スは佛法を興隆させる巧みな方便ともなる。

　2016 年 6 月 18 日，星雲大師は南華寺ドラゴンチーム，ブラジル如来の子と
会見した。「師よ，なぜ私たちのために，こんなに沢山の善事をなされるので
すか？」と尋ねると，大師は，「私たちは家族だからだよ。家族は永遠に大切
にするよ」とおっしゃられた。そして，「人生にはひとつの目標が必要だ。そ
の目標に向かって前進していこう」と語られ，サッカー王ビリーを目標とする
ようにと如来の子を励まされた。ドラゴンチームのローラーブレードは，さら
に多くの新しい特色を打ち出したが，「無数の苦しい経験を経る必要があり，
それは自身が持続的で堅固な力を維持するためのさまざまな試練であった」。

2.2　公益活動による教化

　1992 年に設立された国際佛光会は，全世界の約 70 ヵ国において全面的な人
道ケアを展開している。これは，社会の調和と安定のための力となるだけでな
く，各地では NGO の国際サークルによって文化，教育，慈善等の人心を浄化
する活動が進められている。

　青年たちにとっては，国際的視野の拡大，生命価値の深化，多元文化の体験
を通して正しい人生観を築く助けとなっている。国際佛光会青年グループは
2007 年より，世界各国の青年および資源を結合して第三世界でのボランティ
アを行い，「菩薩の心，青年の力」という一貫した信念をもって着実に現地に
深く根付くための公益活動を行った。現在にいたるまでで，すでに数百の青年
たちが行動をおこし，愛を世界の隅々まで届けている。

　台湾の資源に頼るほか，国際佛光会青年総団ではさらに積極的に現地の

92

NPO（非営利団体）と提携する活動を行っている。たとえば国際佛光会インドデリー協会，および佛光山インドデリー文教センターは，これらの提携を通して国際公益活動を実施しているほか，両国の民間公益機関の交流を増やし，台湾に対するもっとも良好な国民外交を行っている。

　2009年から現在まで，心はインドとつながっている。インド国際公益活動の旅では，ブッダガヤ，ニューデリー，ヴァラナシ，ガルガン，Etawa，賎民（非可触民）村等の地において，サマーキャンプ，文化交流，教育生活の活動を行い，延べ1万人の人々が恩恵を受けた。ブッダガヤに位置するPancasila Public School小学校の創始者兼校長・Anuruddha Bhanteは，「佛光山はブッダガヤにおいて孤児院及び佛学院を設立しただけでなく，佛光青年団は創立した学校に直接関わった。校長は，心からの喜びと感謝を込めて，佛法を遊びや活動に取り入れた佛光青年団による創意工夫を褒め称えた。

　また，2007から2016年にかけて，佛光会慈悲基金会と佛光青年総団は，フィリピンの海岸boracay，ごみの山，貧困地区boracay719，GK地区，Hospicio de SanJose，tondo公立学校，Pangarap foundation等の地においてサマーキャンプ（青少年教育生活キャンプ），文化交流見学，地域コミュニティの老人ケア，実習見学などを実施，それに関わった人は延べ1千人に及んだ。

　2007年，太平洋南端のパプアニューギニアでも佛光人による慈善教化の足跡がみられる。現地では教育生活キャンプが行われ，延べ1,420人の参加者が恩恵を受けた。佛光青年は，気軽に活発に歌を歌ったりゲームをする等して，子どもたちに歯の衛生や保健常識を身につけさせる指導を行った。慈悲基金会は子どもたち一人ひとりに特別に「ハブラシ，歯磨きセット」を贈り，子どもたちはそれを宝を得たように大切に受け取った。

第3節　寺院を建立，心を落ち着かせて行う慈善事業

3.1　人心を安定させる
　身体に病苦があれば病院へいって治療を受ける。心に煩悩があり苦痛を感じ

るならば，寺院という道場は心を治療する場所となる。人々は寺院へ行き，佛法を聴聞したり，授業に参加したり，活動やボランティアに加わって心の薬を頂戴して心を開き，深重な煩悩から清浄で自在な心へと変容していく。いうなれば仏教寺院自体が社会慈善なのである。寺院の建立により人々の心を落ち着かせ，数千，数万の衆生を済度する因縁をつくっている。寺院の存在に対する社会的意義および機能を軽視することはできない。

　寺院，道場は同時に社会の正義を守り，維持するための因果法庭で，優れた道徳を啓発するための教育機関でもあり，家庭および異なるグループ間の関係を安定させる力をもち，国民の心を穏やかにする場所でもある。政治，法律，軍隊，警察のような外部の法の支配に頼れば，社会の倫理，道徳，安寧を維持するのは難しい。人それぞれに信仰があり，善悪の因果応報が明らかで，心のなかから自己を支配する力があってこそ社会を安定させることができ，それが最善の管理方法となる。

　これにより，寺院を建立することは，一生涯学ぶことのできる学校を建設するのに等しく，これによって何千何万という生けるものたちを済度し，きわめて大きな功徳のある慈善事業を行うことができる。海外へ移民した多くの華僑は言葉が通じず生活習慣が異なるために，求職，法律，経済などのさまざまな圧力を受けているが，そのようなとき寺院は精神を安定させる力を与える役割を果たしている。人は寺院で心身に有益な活動に参加し，他の人たちとコミュニケーションをとり，生命に対する知識を得，同時に善き友とつき合うことで助けを得る。このように寺院は，社会を教育し，人心を安定させる機能を発揮するのである。

　慈善事業を方便とし，文化教育を根本とする。佛光山の海外道場には中華学校を付設した所が約百箇所あり，そこでは華僑および現地の人々に中国語を学ばせたり，中華文化を認識させている。アフリカ南華寺の南華教育センターは2005 年にスタートし，パソコン養成クラスを設立した。これは現地での初のNPO によるパソコン学習センターであり，2016 年までで計 2,500 名の学生がその利益を得，現地での就業機会を得る手助けとなった。台湾ではここ数年，

社会にたくさんの混乱がみられる。それに応じるために、台北道場では「生耕致富（心を耕して豊かにする）シリーズの講座」、台中の恵中寺では「未来と希望シリーズの講座」、南台別院では「化世益人（世間を教化し人を利益する）シリーズの講座」を一般人向けに無料公開し、「正しい方向への力」の促進を主軸として、社会におけるメリットを深く考察することを啓発している。これに対して、社会からも沢山の好評価を受け、数年にわたって現地での重要な文化教育活動となり、寺院の学校化機能が発揮されている。

　ここからみて取れるように、寺院は人心を安定させる機能をもち、社会でもっとも大きな「心の治療ステーション」として、人間的な慈善救済を行っているのである。

3.2　社会を安定させる

　『広弘明集』には、「但し、諸佛は大慈善・権方便を以て、疏を啓き、咎に往き、精霊を導引す。悔罪の儀を立つに因りて、自新の道を以て布く。既に往きて復し難きこと、覆水の喩えを知るべし。来過は救い易く、捕浣の方を須く列すべし」と説かれる。仏教の考え方にある生命の平等および慈悲なる社会を具現化した例に、刑務所の受刑者に対する「人生の方向性についての相談」および「人生観の新構築」が挙げられる。これらによって、彼ら自身の認識の誤りを是正して正しい行為に導き、正しい道徳観、価値観を受け入れさせた後、自己を改造して再出発させ、新たな人生を歩ませるサポートをしている。

　1953年より、星雲大師は宜蘭刑務所での布教活動を始められ、1972年、正式に刑務所の教誨師として招聘を受けた。これは法務部（法務省）初の刑務所教誨師である。1963年、佛光山は「監獄教化組」を成立し、佛光山系列の他の道場と連携して、全国の各更生機関での教化活動に加わった。現在合計110名の社会補導布教師が全国各地52の更生機関と付設刑務所での受刑者の補導にあたっている。

　佛光山慈悲基金会では不定期に全国規模の仏教学試験、三帰依五戒、写経、芸術文化創作等の活動をおこない、受刑者に正しい方向の力を与え、人生の新

写真 4-2　佛光山慈悲基金会，雲林第二刑務所におけるお花まつり。受刑者は列に並んで敬虔に浴佛を行う（陳璿宇／撮影）

たな一歩を踏み出させている。刑務所における教化活動に顕著な効果がみられたため，1993年，佛光山は法務部の要請を受けて，布教師を台南明徳戒治分監（麻薬犯専用刑務所）に派遣，毎日 24 時間受刑者と生活をともにして指導を行っている。これは全国でも他に例をみない特別な例である。

　法務部の統計によると，仏教団体は薬物犯罪者に対して宗教的教誨を施している。受刑者に対して法話を行ったところ，薬物を断ち切り自制させる効果が非常に大きい。薬物犯罪者の再犯率は非常に高いが，刑務所での教化課程を受けた受刑者の再犯率は確実に降下し，薬物を断ち切る効果が上昇しているのが顕著である。これは信仰心によって，薬物に抵抗する意志力を強化できることの証明でもある。仏教の教理および実践の導きにより，薬物の誘惑から離れるのを助けることができるのだ。

　佛光山の刑務所教化活動は，台湾で持続的に行われているほか，アメリカ，オーストラリア，ニュージーランド，フィリピンにおいても佛光人が布教師となって，海外地区でのアジア系受刑者のための宗教教誨協力が続けられてい

る。佛光山の刑務所教化は，地蔵菩薩が暗黒な世界に踏み込んで光を与え，希望が再び満ちたような活動である。

　また，佛光山は現在の問題の深刻性を直視し，教育部の生命教育センターと共同で「生命教育の講義（十回）」を主催，並びに「一つの地区に一つの蓮の花」幸せ健康講座を拡大して，自らの心，家庭，人と自分との関係，社会，世界という五つの和睦の世界を実現する。「生命教育の十の講義」には，天災からみた環境保全，人の禍からみた平和，人と自分からみた情感，因果からみた生きとし生けるものの保護，パソコンゲームからみた正しいレジャー，いじめからみた学校の安全，極道からみた逆転人生，麻薬吸引者からみた健康な人生，仕事からみた未来と希望，３つの善行（善き行い，善き言葉，善き思い）によって幸せな人生を築く等はすべて，中学生が校内で最も身近となる問題を含んでいる。2016 年は，合計 210 回，160 余りの学校，のべ 10 万人の学生が参加した。佛光人の願いによって学校に赴いて生命教育の理念を伝え，学生に正しい概念を与えたことは，広く好評を博した。

　「慈善救済は重要だが，教育文化はより重要。」佛光山は 1967 年，大樹郷に開山してから現在にいたるまで，さまざまな文化教育活動を行ってきた。それには子どものための芸術祭，福慧家園（活動センター）での活動，地域学苑の研習クラス，雲水書坊行動図書館（移動図書館），『人間福報（新聞）』を読む教育等が含まれ，屏東原住民部落によって設立された原住民児童図書館および部落教室に赴く活動，各地道場に設けられた「夜光天使」の点灯プロジェクト，経済的に弱い立場にある子どもたちの放課後指導のサポートなども行われた。

　特に「八八台風（後述参照）」後，星雲大師は，多くの学校では教学設備や図書の不足がみられるからと急いで修復を行い，前述の文化教育を促進する活動を続けた後，「深耕文化，百年樹人（深く文化を耕し，樹を育てるように百年をかけて人材を育成すること）」を指示して３つの計画をされた。すなわち，図書の寄贈，ハード面と図書館環境等の改善計画であり，普門中学，大樹中学，渓埔中学，大樹小学校，渓埔小学校，水寮小学校，興田小学校，龍目小学校，小坪小学校，九曲小学校等の学校がその恩恵を受けた。また，佛光山に各種資源を

提供し，学校が行う各種成長セミナーを結合して，子どもたちの学習の幅を広げることを行った。それには，子どもたちを佛光山の国内外の大学に就学させたり交流を行う等，世界とつながるような活動もあった。

第4節　福祉社会の慈善事業

4.1　子どもを育て老人を養う

　子どもは将来の社会において柱となる。青少年の心身が健全に発展することは，将来の社会にとり希望である。現代は不健全な色事，暴力，感覚的な刺激が溢れている。そのような誘惑のある環境において，子どもたち，青少年の心身を浄化し，心の開発をする学習環境と機会を与えることは，彼らの成長にとって大切な役割である。星雲大師は雷音寺（台湾東北部の宜蘭）におられた1950年より孤児院を始め，当時は託児所と幼稚園を設立した。そして1970年，佛光山開山後の第3年目に大慈育幼院（孤児院）を正式に設立した。親を亡くした児童を，地域や国籍に分け隔てることなく受け入れた。1974年，院舎が落成し，これが仏教界初の，親を亡くした外国人児童を受け入れる孤児院となった。2001年さらに地域コミュニティと連結し，「大慈育成センター」を設立。そこでは，佛光山生命教育探索課程が実施され，成長中の児童および青少年に優質な学習環境を提供し，弱い立場にある家庭の子どもの学習を助け，視野を広げて自信をもって楽観的な考えをもつ人を育てる。

　佛光山は開山の当初，経済的には恵まれていなかった。当時は社会全体が貧しく，赤ん坊を山門口に遺棄する人もたびたび見られ，駅や市場に捨てられた子どもを警察が連れてくることもあった。そんなとき大師はまったく迷うことなく，その子どもたちを引き取ったのである。受け入れる子どもが徐々に多くなっていったので，その後佛光山は大慈育幼院を開院した。そしてこれらの姓のない子どもたちには，大師の俗姓の「李」を名乗らせた。大師はこう語られた。「子どもたちに暖かく落ち着いて楽しく生活できる楽園を与えたい。子どもの衣食を不足させないようにするほか，佛光山のすべての法師，先生，信者

たちが大切に慈しんでいることを子どもたちに感じとらせる。これによって子どもたちは，尊厳と自信に溢れることだろう。子どもは佛光山の王子様，お姫様なのだ」。

　星雲大師は，「善行でもっとも重要なことは人に尊厳を与えること」という理念を貫いている。大師は，さらにこう語られた。

(1) 貧しいことを泣いて訴えてはならない。院の子どもたちを使って社会の人たちの同情を買い，金銭の援助をさせてはならない。

(2) 養子に出してはならない。子どもが再び遺棄されて心に傷を追うのを防ぐために。

(3) 子どもたちは，身なりをきちんとすること。破れた汚い服を着てはならない。礼儀正しく，よく働くこと。

(4) 生活教育では，創意，技術，文化，心の成長に関する学習をもうけ，子どもの資質を高めること。

(5) 子どもの就学については同様に学費を支払い，勉強のできる子は大学，大学院で学ばせること。また，技術を身につけさせて，社会人になった後は家

写真 4-3　大慈育幼院の姫と王子たちは佛光山福慧家園の共修会（共同修習会）において歌を捧げ，その美しい歌声が人々に深い感動を与えた（張彬彬／撮影）

庭を築き職に就けるようにすること。

　大慈育幼院では，「師を尊ぶことを重要な道とし，苦労をいとわず自立する」
を訓戒としている。子どもたちは全方位的な学習を通して少しずつ成長してい
る。大師はこう語られた。「人は生きていく上で尊厳が必要。そして，品格や
人徳があれば人に受け入れてもらえる。」その言葉を受けて育幼院では，子ど
もたちが自分を名誉に思う心や達成感を育て，個々が心身健康で，勤労，礼儀
正しく，自信にみちあふれ，感謝の気持ちをもつように教えている。院の楽怡
君さんは，「もし大師の暖かい気持ちがなかったら大慈育幼院はなかったし，
自分もいったいどんな人生を送っているのか，どこに住んでいるのかも分から
ない。オーストラリアに留学なんていうのも考えられなかったはずです。佛光
山は私の永遠の家です。私にこんなに落ち着いた「避風港」を与えてくださっ
た大師に心から感謝いたします」と語った。朱倚諒さんはタイアル族である。
彼はこう言った。「家があるって本当に素晴らしい！私は大師の精神に影響さ
れました。落ち着ける家を与えてくれた佛光山に感謝しています。それがある
からこそ私は社会において慈善事業ができるのです。」

　孤児院のほか，佛光山はシルバー層のためにも沢山の活動を行っている。
1967 年，佛光山はキリスト教の董鴻烈より，宜蘭の「仁愛救済院」を引き継
いだ。名称を「蘭陽仁愛の家」に改め，独居，身寄りのない老人たちを受け入
れている。1998 年，全国初の老人のためのデイサービスを行う「福寿学院」
を開設し，宜蘭市周辺の老人たちの受け入れを始め，地域コミュニティ大学の
ような教学活動を通してグループ生活と宗教的ケアを実施している。これによ
り家族が出勤した後，付き添う者のいない高齢者も健康で充実した生活を送る
ことができる。宜蘭の「仁愛の家」は現在に至るまで，すでに 50 年の歴史を
もち，1,600 名の高齢者の世話をした。

　1974 年，佛光山は「佛光精舍」を設立した。この精舍の主な対象は，佛光
山の僧侶の御両親および佛門に貢献された年配者であり，その晩年を清らかな
佛門の聖地で安らかに過ごしていただくことができる。1995 年，佛光山は高
雄県政府（県庁）と連携し，「公辨民営」（国営民営化。政府が出資して経営は民間

にまかせる方法）で松鶴楼（老人向け専用アパート）を設立，シルバー層の年配の方々に清らかで静か，優雅で快適な学びの生活環境を提供する。これは，良好な効果がみられたので行政院から優の評価を受けた。

4.2　医療による貧困者の救済

　低所得の人たちが完全な医療を受けられるようにと，佛光山では1964年，星雲大師によってボランティア医療団が結成された。またその後1976年には「佛光診所（診療所）」が設置される。2003年，名称を「佛光聯合門診（単科ではなく複数科の診察をおこなう診療所）」と改め，全民健保（国民健康保険）の特約医療サービス機構となった。診療所内には中学医学，西洋医学の専門医師を配置し，診療業務およびボランティア医療サービスを提供している。また，佛光山慈悲基金会では毎週定期的に病院での病人ケアを行っている。1987年，組織およびサービス範囲の拡大のため名称を「雲水医院」と改め，佛光山の各地道場を拠点として弘法ボランティア車が病院となってへき地に赴き，さらに多くの民衆へのサービスを行っている。雲水医院の箱型医療車には，法師，医師，看護士，医薬品，器材をのせて毎週各県市を巡回し，定時に各地山区のかなり遠い村落でのボランティア医療を提供，各医療車に乗って随行される法師は，病気をみるほか患者のスピリチュアルケアも行い，生活における問題に答えている。33年の間，数限りないほどの病人たちがこの恩恵を受けた。

　海外の佛光山について，1997年，国際佛光会世界総会理事・李雲中，パラグアイ佛光協会のスーパーバイザー・宋永金は，パラグアイに完全無料の慈善病院であるパラグアイ中部佛光康寧医院を建てて多くの力を結集し，現地の華僑を率いてさまざまな慈善活動に携わっている。医院創設から現在に至るまで，食べ物，豆乳，車椅子，棺桶等を寄付し，無数の慈善救済を行っている。統計によればパラグアイ康寧医院は2016年までに，早産保育器によって合計7,721名の新生児を救っている。

　また，パラグアイは大豆の生産が豊富で安価であるが，一般の人たちは食べ方を知らなかった。李雲中は，豆乳には豊富な植物たんぱく質が含まれていて

写真 4-4　国際佛光会パラグアイ華人慈善基金会は愛心食堂を設け，定期的に食べ物を貧
困児童へ提供している（趙慎傑 / 撮影）

牛乳に代わるものとして，台湾から 268 台の豆乳機を輸入した。そのうち 62
台は，天主教のソーシャルワーカーとの提携により，アルト・パラナ県の 5 万
の貧困にあえぐ人々を飢餓から救った。また，パラグアイ大統領グロリア夫人
に送った 206 台は全国に配置され，20 万の貧窮する人々の飢餓の苦しみを癒
した。大統領夫人の全面的な協力で，パラグアイの人たちは豆乳を飲み，大豆
の副食品を食するようになる。その効果が顕著であったため，国際連合食糧農
業機関がそれを重視して，グロリア夫人を当該機構の特別親善大使に任命し
た。国際連合 FAO（食糧農業機関）の創立 60 年来，初のファーストレディ親
善大使の誕生であり，パラグアイ全土の栄光となったほか，佛光山の慈善事業
にとっても一大成果を獲得したことになる。

4.3　護智センター

　科学技術文明の変遷にともない，人々が遭遇する生活，生命に関わる問題に
も変化がみられる。老人の認知症の問題は現代社会が向き合うべき大きな問題

102

である。認知症の発症はほとんどが65歳以上のシルバー層であるが，50歳以後は危険性も高くなる。高齢化社会となり，認知症人口は徐々に増加している。そこで佛光山慈悲基金会は2010年，「護智センター」を設立，積極的に認知症の宣伝活動やふるい分けの研究等を行っている。

　慈悲基金会は，米国のセントルイス・ワシントン大学アルツハイマー研究センターによって開発された「認知症超早期治療の診断基準および教学 CD-ROM（略称 AD8）」を用いて，一般民衆に対するふるい分けと研究を行った。また，各地で認知症の予防講座，及びふるい分け講座を実施し，認知症を早期に発見して，より多くの家庭の負担を減少させようとしている。護智センターではさらに全国の各大病院の専門医師を呼び，台湾において百回の講座を開き，一般民衆が認知症および予防法を理解するよう導くとともに，ふるい分けを行った。その足跡は各県市に及び，遠く香港，北京，グアム，米国，カナダ等の地において認知症を予防するための特別講座が開かれた。

写真 4-5　佛光山慈悲基金会は新北市政府と共同で，三峡にある金光明寺において「幸福千歳宴」を開き，約600名の独居老人たちがともに楽しんだ（呉新伝／撮影）

4.4　友愛サービス

　佛光山は菩薩の道場であり，佛光人は「先ず世俗に入ってから世俗から出る。

先ず生を解決してから死を解決する。先ず生活してから生死，先ず縮小してから拡大だ」と主張する。教育，文化，慈善，医療等の各種衆生利益の事業に積極的に関わり，特に高齢で配偶者や子どものいない人たちには救済やケアを行う。

佛光山慈悲基金会，国際佛光会各地協会は度々，シルバー層の方たちがグループ活動を楽しみ，精神的に励まし慰められる「独居老人ケア活動」を行っている。また不定期に独居老人の家に赴いて掃除をしたり，入浴，爪切りの手伝いをし，ボランティア診察，生活物品を贈る活動等をしている。

海外の活動についてであるが，佛光山オーストラリア中天寺では独居老人を外出や買い物，旅行に連れて行くサポートをし，物質的なサービスの提供だけでなく，心の空しさを癒す手伝いもしている。アメリカの西来寺では「敬老，親孝行活動」を実施し，国際佛光会東京協会では「佛光敬老音楽会」を開き，老人の音楽鑑賞無料招待を実施した。オーストラリア・クイーンズランドの「友愛サービス隊」では，定期的に老人たちを連れてのグループ活動やクイズ，ゲーム活動を続けている。ブラジル・リオデジャネイロ佛光会ではハンセン病を救済する病院のための募金活動を行った。バンクーバー協会では水仙の花を販売して，カナダ癌防止協会のための募金活動を行った。アフリカ南華寺，ヨハネスブルグ，パラグアイ，フィリピン等の佛光協会ではいずれも各地で車椅子の寄付を行っていて，恩恵を受けた人は数万に上る。以上のように，佛光山の友愛ケアは地球全体に広がっている。

4.5　国内外での被災地救援活動

世間は無常，国土は脆く，地球上には度々自然災害や人為的な災いが発生している。慈悲基金会では1991年より，国際佛光会と協力をして慈善救済の仕事を世界各地にまで広げ，インド，タイの北部，中南半島，アフリカ，日本，中国等の地震，風災，水害等の救済に全力を傾けている。どこかで災難があれば必ず佛光人の働きがあった。

104

1）モラコット（Morakot）八八台風（2009年8月8日に発生）

　佛光山が緊急救援活動を行う際は，星雲大師の指示に従った。それは，「緊急救援活動においては被災者の文化を尊重し尊厳を守ること。救援をとおして相手に仏教の信仰を強制してはならない。弱みに付け込んではならない。他人に救援側の考えややり方を無理やり受け入れさせてはならない」[5] という内容であった。モラコット八八台風は発生後，佛光山は最短時間に3万人以上のボランティアを動員し，20万個以上のお弁当，衣服10万着，衛生用品20万セット，外傷薬45,000瓶，抗生物質10万錠以上を被災地に届けた。また，佛光山の福慧家園ではナマシア（那瑪夏）地区に住む数千のキリスト教徒（原住民）の生活習慣および信仰を尊重しながら救援活動を行い，十分な物資を供給するほか，祈祷室を設けて，牧師，修道女らに被災者のための祈りを行ってもらい，心の安定をはかった。一人の神父は，被災者を見舞ってそこから離れる際に佛前で，「私たちが神の御心に従うのを助けてくれた佛陀に感謝する」と述べられた。台湾で著名なニュースキャスター陳文茜は，佛光山が被災地に対して行った事すべてを見て，「地は老い，天は荒れるが，ただ佛光山だけが人間界の中で最も誠実で最も情があり，被災者の心を温めてくれた」と語った。

　被災地の救援活動は一時的なものではない。災害発生後，佛光山慈悲基金会は各被災地の復旧のために積極的な活動を行っている。たとえば，被災地の婦女たちによって特色のある農産品を開発してもらい，『人間福報』（新聞）に記事を掲載して販売を行う。このように，仕事を通して自信を取り戻させた。また，高雄市の桃源，ナマシア（那瑪夏），屏東県の霧台，長治の4箇所に図書館をつくり，被災地の子どもを佛光山が設立した普門中学に入学させるサポートをした。定期的に野球キャンプやバスケットボールキャンプを実施するなどの多元的な教育活動を行うことで，へき地の子どもたちに将来的な希望をもたせ，家族らが家の復興に重心を置くことを助けた。これにより，文化，経済，教化という三方面の融合が叶い，最大の効果を発揮した。被災者たちは佛光人

5）　星雲大師の口述（2016）「佛光山法堂書記室・妙広法師等の記録」『人間佛教における佛陀の本懐』高雄：佛光文化，p.296のとおりである。

の心からの貢献に感謝し，旧暦のお正月期間に，「手に手をとって丸くなる―原住民の歌と踊りと農産品の特別販売促進会」を行い，自然災害の襲撃にも負けず，たくましく努力を続ける生命の強さを示した。

2) ニュージーランド南島大地震 (2016 年 11 月 14 日，マグニチュード 7.5)

　ニュージーランド南島 (サウスアイランド) 佛光山では，最短時間内に金銭による援助のほか，2 週間の炊き出しを行い，合計 3,496 名の被災者が恩恵を受けた。また，医療および住まいの掃除・片付け用品，ネットワークサービスの提供，臨時オフィスの設立，警政署 (警察署) によるデータリサーチの協力，翻訳，ポスター製作等の救援活動関連作業を行った。

3) 東日本大震災 (2011 年 3 月 11 日)

　マグニチュード 9 の大地震に伴い津波が発生，火災，原子力発電所の放射能漏れという四重の大惨事となった。星雲大師は報せを受けるとすぐに電話をして被災地に関心を寄せ，日本の各道場に被災者への祈りと死者の済度を指示した。国際佛光会，及び各界の団体の呼びかけにより 400 トンの救援物資が集められ，各避難所に届けられた。これにより 45 以上の避難所が恩恵を受けた。また，被災地の学生にパソコンと 3 年の支援金を贈り，佛光山の経営する南華大学への入学許可を与えた。

4) 4 つを合わせた救災

　慈善による社会福祉精神をもって，2007 年，国際佛光会世界総会はマレーシアに「佛光災難緊急救援隊」を成立，マレーシア内務省大臣・李志亮 (Lee Chee Leong) がその顧問をつとめる。「国際佛光会マレーシア協会災難緊急救援隊」は，初の仏教団体による救助隊である。2010 年 10 月 30 日より始まり，段階式での各種高所の救援，タンカ救援，CPR，および傷口の包帯の巻き方等の訓練を行っている。いわゆる「4 つを合わせた救災」の 4 つの内容は，次のとおりである。

写真 4-6　4 つを合わせた救援隊は山区に赴き，寄付された物資をネパール大地震被災地に
届けた（陳昱臻／攝）

① 救援隊：被災地へ赴き，政府と提携して救災活動を行う。

② 医療隊：地震が発生したなら整形外科の医師が必要。水害には皮膚科の
医師，および外用薬（貼り薬）の準備が必要。大災害には遺体袋が必要。

③ 日常物資，物品の供給。

④ 人道ケア：被災後第 2 年目，自殺者が増える問題あり。被災者の心のケ
アが必要。家庭機能の回復に協力し，トラウマから抜け出せるよう寄り添
い，自分というものを新たに構築していくのを助ける。

第 5 節　結　　語

　人間仏教の慈善的布施は，宗教，地域を分け隔てず，特別な目的をもたず，
背後に企みをもたないものだ。佛光山は慈善を方便，文化教育を根本として，
教育，文化，正見，修持，智慧という形象を樹立する一方で，宗教精神を発
揚し，慈善事業をもって衆生の色身を救い，教育をもって人生を変容させ，
煩悩を根本から断ち切らせる。いうなれば，佛光山の慈善は単なる慈善では

なく，教化という機能を表現したも
のなのだ。星雲大師はかつて慈善の
理念について，このように語られた
ことがある。「仏教の最大の機能は，
文化教育を通して佛法を広く伝え，
人心を浄化し，社会の習慣を改善す
るもの。さらには佛法の道理によっ
て智慧を開いていき，これによって
人は生命の真理を理解することがで
きる。そして煩悩から解放されて，
心の昇華を獲得する。これこそが仏
教の本懐であり，仏教の貴い所でも
ある[6]。」

　『法華義疏』には「慈悲とはすなわ
ち抜苦と与楽」と説かれる。また星雲
大師は，「慈悲は浄化する愛，昇華す
る愛。無私，しかも智慧に満ちての救
済は，報いを求めない布施の奉献であ

写真 4-7　衆生の心身の浄化と生命価値の
昇華を助けることこそが真の慈
悲（如地法師／撮影）

り，相手の願いを叶えるもの。愛，智慧，願う力，布施を結集させたものがま
さに慈悲なのだ」[7] と語られた。

　佛陀が人心を教化する本懐は，根本的な苦難を解決することにある。佛法に
よって人心の貪瞋痴三毒を浄化するのだ。こうして初めて，世間に繰り返し発
生する天災や人為的な禍を真に根絶することができる。単なる社会福祉，単な
る救済ならば究極的な解決にはならず，人々の怠惰な心，社会の腐敗を招くこ
とになる。よって，かならず，佛の教えによって人類の生命価値を導き，犠牲

---

6)　満義法師（2005）『星雲法師の人間佛教』台北：天下遠見出版，pp.277-278。
7)　星雲大師の口述（2016）「佛光山法堂書記室・妙広法師等の記録」『人間佛教における佛陀の本懐』
　　高雄：佛光文化，2016年，p.298。

となって奉献する意義を強調し，衆生が善行して福徳を積んでいくなかで生命のレベルを徐々に引き上げていくことを教える必要がある。

　仏教での慈善は，大善知識の指導がなく単なる人間の善行だけであるならば究極的なものにはなり得ない。人界の慈善から報いを求めない菩薩の発心へと入り，佛の心，人間の必要に合わせて佛陀精神に回帰することこそが慈善の根本道となるのである。

第5章　台湾における仏教ソーシャルワークについて

吉水　岳彦

第1節　調査の目的と方法

1.1　調査研究の目的と方法

　親しい隣国である台湾は，日本の東日本大震災被災地に対しても多大な支援を行っている。この台湾からの支援のなかには，仏教団体や仏教徒による活動も多かったという研究報告がある[1]。本調査研究は，そんな台湾における仏教ソーシャルワーク的活動，とりわけ①台湾の仏教教団における仏教ソーシャルワーク・社会慈善事業の現状と活動理念等の把握と，②台湾仏教徒によるホームレス，および生活困窮者支援の現状と活動理念の把握を目的として行ったものである。その前提となる台湾のソーシャルワークの歴史や制度については，近年，勝れた研究成果が出版されたばかりであるため[2]，ここでは台湾に訪問調査を行った際に得た知見の報告と，台湾の仏教ソーシャルワーク的活動の特徴を明確にすることを中心に論じる。

　淑徳大学アジア国際社会福祉研究所メンバーは，台湾における調査を行うにあたり，事前に複数の仏教教団に仏教ソーシャルワークに関するアンケートを依頼し，その上で高雄と花蓮を中心に5つの仏教教団の施設を訪問するという方法をとった。残念ながら，アンケートの回答を得られた教団は「福智」と「法鼓山」のみであったが，「佛光山」や「仏教慈済慈善事業基金会（以下，慈済会と略す）」もアンケートの問いをもとに，口頭で特徴的な活動等については応

---

1)　金子昭「東日本大震災における台湾・仏教慈済基金会の救援活動 ―釜石市での義援金配布の取材と意見交換から―」(2011年，『宗教と社会貢献』1(2))に報告されている慈済会の活動の他，日本で活動するために佛光山が結成したNPO法人国際BLIAや，NGO国際仏光会の活動も岩手・宮城・福島等で幅広く行われていたことが「中外日報」(2011年3月19日)の記事等に報告されている。
2)　宮本義信(2015)『台湾の社会福祉―歴史・制度・実践―』(ミネルヴァ書房)には，近年，台湾が抱えている移民による介護の問題など，現代的な台湾の社会福祉の問題点も論じられている。

えてもらうことができた。

　ちなみに，台湾の仏教教団による福祉的活動の調査については，すでに各国の研究者達が調査を行い，優れた研究成果が発表されている[3]。特に福祉的な活動を世界的に展開している慈済基金会については，日本でも書籍が刊行されている[4]。そこで，この度の調査では，これまで日本の仏教ソーシャルワークに関係する研究者が調査をしていなかった台湾中部に拠点を持つ仏教教団「福智」や，南部に拠点を持ち，台湾四大仏教教団のなかでも古くから社会慈善活動を続けている教団「佛光山」を中心に調査を行った。また，教団の本部が台湾北部にある場合には，高雄の支部や教団関係者からの聴き取りを行い，できるかぎり台湾で活発に福祉的活動を展開する諸教団の活動の実際を詳しく調査することを心がけた[5]。これによって，アンケートでは知り得なかった各教団の日頃の取り組みや活動の特徴，福祉的な活動を継続的に行ってきたからこそ生じている活動の問題点や，現代社会におけるニーズに即応した新たな活動や今後の課題等を聞き取ることができた。

---

3)　丁仁傑(1999)『社会脈絡中的助人行為―台湾仏教慈済功徳会個案研究―』(聯経出版社)。Hsiao,Hsin-Huang M. and David Schak(2005) "Socio-Cultural Engagements of Taiwan's New Buddhist Groups," *china perspectives* 59)，Ricard Madsen(2007) "*Democracy's Dharma :religious renaissance and political development in taiwan.*，University of California Press)。寺沢重法「台湾における宗教性とボランティア活動―台湾社会変遷基本調査の分析―」等，すぐれた研究がある。日本では四大仏教以外の教団の活動についてはほとんど知られていないが，David Schak等の論考では取りあげられ，整理されている。また，台湾において寺院や仏教が人々の福祉的活動にどのような影響を与えているかを明確に論じている寺沢重法の宗教社会学的研究は非常に興味深い。

4)　金子昭(2005)『驚異の仏教ボランティア―台湾の社会参画仏教「慈済会」』(白馬社)。村島健司(2013)「台湾における震災復興と宗教―仏教慈済基金会による取り組みを事例に」(稲葉圭信・黒崎浩行編『震災復興と宗教』明石書店)等。

5)　残念ながら，高雄にある中台禅寺高雄支部の寺院を訪問したものの，中台禅寺は福祉的活動を積極的に行うというよりも仏法の普及と教化，僧侶教育等が中心であるとの話をうかがうのみで，積極的な仏教ソーシャルワーク的活動についての話を聴くことができなかった。基本的には仏教ソーシャルワーク的活動を行うよりは，宗教的な教育を中心に活動する中台禅寺であるが，1999年に起きた921大地震の救援活動等，短期的な災害支援活動を行っていることは「Socio-Cultural Engagements of Taiwan's New Buddhist Groups」に報告されている。また，台湾北部で活躍する仏教教団「霊鷲山無生道場」も，今回の調査では訪ねることができなかった。「霊鷲山無生道場」は，同論文にて孤立した高齢者やひとり親家庭の子供の支援，他宗教と共に行う平和活動等を行っているとの指摘がある。霊鷲山無生道場の調査については今後の課題としたい。

　さらに，昨今，日本でも大きな社会課題として注目されている貧困問題や高齢者の孤立の問題に対する台湾仏教徒の活動等についても，アンケートや聴き取りを通じて調査を行った。日本ではホームレス状態の人をはじめとする貧困者支援の場で，しばしば自己責任を問う声が聞かれ，行政などでもあまり積極的な支援が行われているとはいえない。近年，子どもの貧困については，こども食堂等の活動が広がる等，社会的にも支援を進めていこうとする機運がみられているが，ホームレス状態の人々については，依然，NPO 等の民間団体やキリスト教系の宗教団体等による支援が主である。同様の問題を，台湾の仏教団体はどのようにみて支援を行っているか，興味深い理念や活動のあり方についても聴きとることができた。これらの聴き取った内容をここに報告する。

1.2　インタビュー調査の対象

　台湾訪問と予備調査で淑徳大学アジア国際社会福祉研究所メンバーが実施したインタビュー調査の日時と対象者は，以下の通りである。

① 2019 年 2 月 27 日　「香光尼僧団」紫竹林精舎　自晟法師
② 2019 年 2 月 28 日　「福智」 如得法師（鳳山寺僧団副住職）
　　　　　　　　　　　　　　　　　林金枝（青年教育発展部主任）
② 2019 年 3 月 1 日　　「慈済会」本部 釈純寛法師（慈済大学准教授）
　　　　　　　　　　　　　　　　　邱妙儒（慈善志業発展処国内慈善事務室）
　　　　　　　　　　　　　　　　　呉瑞祥（人文志業発展処）
④ 2019 年 3 月 2 日　　「民衆病院」 張淑鳳院長
⑤ 2019 年 3 月 2 日　　「佛光山」 依来法師
⑥ 2019 年 3 月 2 日　　「一如浄舎」 会焜法師
⑦ 2019 年 3 月 3 日　　「中台禅寺」高雄支部　法師
⑧ 2019 年 3 月 3 日　　「法鼓山」高雄支部紫雲寺　法師
⑨ 2019 年 4 月 10 日　「法鼓山社会福利慈善基金会」担当者　ネット通話
⑩ 2019 年 4 月 18 日　「佛光山東京別院」 慈容法師　依来法師

1.3　主な研究協力者

① アンケート翻訳 — 李美靜（在日台湾人仏教徒）

② 現地調査の協力（通訳・資料翻訳等）　— 江連恵美子（在台湾日本人仏教徒）

　　　　　　　　　　　　　　　　　　 — 翁俊彬（台湾人仏教徒・元僧侶）

　　　　　　　　　　　　　　　　　　 — 蔡家芸（台湾人仏教徒）

写真 5-1　福智の方々と調査メンバー　於 福智鳳山寺

第 2 節　台湾の宗教とソーシャルワーク

2.1　台湾の宗教

　台湾の宗教は，儒教，道教，仏教が盛んであるが，キリスト教も 1960 年代から広まっている。この他，一貫道や複数の民間信仰も存在する。信者の割合は，仏教が約 20％，道教が約 25％，民間信仰が約 30％，一貫道が約 2％，キリスト教が約 5％であり，無宗教の人も約 20％いるとの指摘がある。そのうち，仏教信者のなかで四大仏教と称される教団の所属者は，「佛光山」が約 3％，「法鼓山」が約 2％，「中台山」が約 1％，「慈済会」が約 10％の割合であるという[6]。この他にも，大きな仏教団体には，台湾北部に拠点をもつ「霊鷲山無生

<hr>

6)　台湾における宗教や仏教教団の信者の割合については，寺沢重法（2015）「東アジアにおける大規模宗教調査データの蓄積—「台湾社会変遷基本調査」を事例として—」『宗教と社会』21 に依った。

道場」や，台湾中部に拠点をもち，北部を中心に活動するチベット系の仏教団
体「福智」，台湾全土に寺院や学校を展開している「香光尼僧団」等がある。

　信者の割合だけみると，必ずしも仏教が主流であるとはいえないかもしれな
いが，日本の仏教徒と異なり，きわめて自覚的な仏教徒が多く，積極的に法要
や日頃の修養に参加する他，ボランティア等への参加や寄付行為も当たり前の
ものとして行われている。

2.2　現代台湾における社会課題—少子高齢化と外国人労働者の受け入れ—

　台湾は急速な少子高齢化と未婚・晩婚化の進行によって，介護従事者や製造
業や建設業，漁業等を行う人間が不足し，その補完のために海外からの外国人
労働者を受け入れている。2020 年の行政院主計総処「国情統計通報」によると，
台湾における外国人労働者の数は 719,000 人といわれていて，台湾の人口の 33
人に 1 人が外国人労働者であるという[7]。その 36％が社会福祉労働者（看護工：
家庭と施設の介護スタッフ）の仕事で，63％が産業労働者である。こうした現状
を踏まえて，政府は「少子化」と「高齢化」と「移民」の 3 つを社会課題とし，
それぞれに対する政策を打ちだしている[8]。また，2019 年には台湾も日本と同
じく死亡率が出生率を上回り，いわゆる「多死社会」を迎えた。医療や介護，
福祉の人材不足は，今後ますます大きな課題となる。加えて，自宅で最期を迎
える方の増大にともない，在宅での看取りのニーズも増えてゆくと予想され
る。

　ちなみに寺沢が論文で取り扱っている調査データは，中央研究院社会学研究所が中華民国行政院国
　家科学委員会の支援のもとで毎年実施している TSCS というサンプリング調査によるものである。
7)　行政院主計総処綜合統計処が 2020 年 5 月 13 日にまとめた「国情統計通報」第 88 号参照。
8)　少子高齢化と大量の外国人労働者の流入による問題は多岐にわたる。特に DV の問題は深刻であ
　り，さまざまな支援方策がとられている。前掲宮本著作 pp.88-164 参照。後述するが，こうした新
　たな社会課題である高齢者の介護や家庭生活の問題に関しても，仏教系団体は即応して支援活動を
　行っている。

2.3 台湾における仏教とソーシャルワーク

　中国清代以降，台湾には「齋教」と呼ばれる禅や浄土教の修行と菜食を大切にする在家仏教が流入し，台湾仏教の主流になった。やがて日本統治時代に入ると，日本の仏教諸宗派が流入してゆく。しかし，これらは台湾の在家仏教者を教育して組織化していく等の影響を与えたものの，根付くことはなかった。第二次世界大戦後，中国大陸から台湾に渡ってきた僧侶達が，日本仏教諸宗派の撤退後の台湾仏教界を牽引してゆくことになる。

　台湾で四大仏教と呼ばれる宗派の祖師たちも，大陸出身，もしくは大陸系の僧侶の影響を受けた僧侶である。彼らの教化活動は，戦後の台湾において多くの信者を獲得したキリスト教諸派の影響を受けて，学校や病院の建設，慈善事業，社会教育等を柔軟に教化活動に取り入れ，現代社会に対応できる仏教のあり方を求めていった点に特徴がみられる。各教団は「人間仏教」「人間浄土」等のスローガンのもと，現代人の生活のなかに仏教的理想の実現や慈悲の実践を強調し，人間の心の環境だけでなく，社会や自然の環境を浄化してゆこうと活動を進めていった。その結果，現代の台湾仏教教団の多くは，積極的に福祉や人権，環境等のあらゆる社会活動に参加する人々を育成し，社会の諸課題を現実的な苦と捉えて柔軟に対応するようになっている[9]。

第3節　台湾における仏教ソーシャルワークの現状

3.1　慈済会における仏教ソーシャルワーク

1）慈済会の開祖と歴史

　開祖の證厳法師は，1937年に台中県清水鎮に生まれ，叔父夫婦の養子として育つ。養母の病をきっかけに観音菩薩を信仰し，菜食をはじめる。23歳の時に養父が病死したことを契機に出家を志して，豊原鎮の寺にて仏教を学びはじめ，1963年に正式に出家し，印順法師から「證厳」という法名を授かる。

---

9)　台湾仏教の歴史や変化については，五十嵐真子（2006）『現代台湾宗教の諸相―台湾漢族に関する文化人類学的研究―』人文書院を参照した。

1966年，彼女はカトリックの修道女から「キリスト教では貧困家庭への慈善活動を行うが，仏教は社会的貢献など何もしないではないか」との批判を受ける。さらに同年，流産した先住民が医療費を支払えないので病院が治療を拒否した話を聴いて悲憤慷慨し，貧しい人を何としてでも救いたいと決心する。すぐに子ども用の靴の制作販売や，弟子となった主婦たちの節約生活から得られた寄付金をもとに，慈善救済を行う「仏教克難慈済功徳会」を発足させた。

　この頃，台湾のソーシャルワークに関する制度は未成熟であったことから，貧しさゆえに病気になっても医療が受けられず，仕事まで失ってしまう人も多く，それがさらに貧困状態を悪化させることにもなっていた。慈済会は，1966年に当時29歳の若き尼僧であった證厳法師によって，そんな貧困者の生活救援のために，出家者と在家者とあわせて36名によって結成された。これ以後，證厳法師は貧困者への生活支援（慈善志業）や医療支援（医療志業）をはじめとして，教育支援（教育志業）や出版やメディアを通じた文化事業（人文志業）の「四大志業」を展開してゆく。

　1980年には財団法人の申請を行い，財団法人「仏教慈済慈善事業基金会」を設立する。支援者は燎原の火の如くあっという間に増えてゆき，台湾各地に病院や学校を建設した他，環境保護活動や国際的な災害救援活動，骨髄バンクの開始など，幅広い活動を世界中で展開していく。このように，證厳法師は印順法師

写真5-2　花蓮にある慈済会の拠点寺院

116

の「人間仏教」の思想を引き継ぎ、現実社会で苦しむ人々を救済すべく、仏教の慈悲心の実践として、あらゆる慈善活動を推奨してゆく慈済会の活動を世界に広めたのである。現在、慈済会の世界中の会員はおよそ500万人以上にのぼるともいわれる。ここでは、巨大な慈済会の組織の福祉的活動をすべて紹介することは難しいため、聴き取り調査にて知り得た要点のみを以下に論じていきたい。

2) 慈済十戒

　慈済会の特徴的な理念のひとつに、仏教の五戒に台湾社会において必要な徳目を5つ加えた「慈済十戒」の遵守を信者たちに教えている。調査の折にも、慈済会では在家信者には菩薩戒等の諸戒律ではなく、證厳法師が定めた「慈済十戒」を推奨しているとの話を聞いた。その内容は、以下の通りである。

一，不殺生戒

二，不偸盗戒

三，不邪淫戒

四，不妄語戒

五，不飲酒戒

六，タバコやビンロウを嗜まない

七，賭博や投機に手を出さない

八，親に孝行し柔和に努める

九，交通規則を守る

十，政治活動やデモに参加しない

　第六戒以下が、慈済会独自の戒である。聞き取りによると、第六戒以降のものは、台湾の社会で問題となっていることを見据えて定められたものであるという。第六戒は、ヤシ科の一種で覚せい作用があり、癌を誘発すると指摘されているビンロウや、同じく肺癌を誘発するといわれるタバコを口にしないことを定めている。これは、健康的な生活を心がける生活習慣を進めているのみならず、街中でビンロウをかじって道路に吐き捨てる行為のように下品な行為を慎む意味があるという。次の第七戒は、賭博などに手を出してはならぬとの戒

めで，賭博によって自身の身を持ち崩すのみならず，家庭が崩壊することのないように定めたものである。第九戒の交通規則を守る戒は，交通マナーが悪く，飲酒運転が重要な問題とされている台湾社会では大切な戒めといえるだろう。第十戒の政治活動に関する戒めも，政治の話で熱くなりやすい台湾の国民性を勘案し，また政治によって翻弄されることがないように定められたものである。

　平和活動や慈善活動はもちろん大切に実践すべきことであるが，病気や賭博，事故などによって家庭が脅かされることがないのが大前提であろう。第八戒に親孝行が挙げられているのも，家庭内の平和が土台となって，はじめて社会における平和や慈善活動が実践できるとの證厳法師の考えによるものといえる。

3) 在家のソーシャルワーカー[10] と出家僧の関係

　慈済会の出家者はすべて独身の尼僧であり，原則として花蓮にある「静思精舎」という宗教施設にて生活している。彼女らは宗教儀礼を行い，修行生活を送っている。その生活費や建物の整備費など，経済的に独立していて，慈済基金会に経済的に頼ることはない[11]。ただ僧侶として修行生活のうちに法を説くことに専念している。

　医療や宗教，出版，福祉的活動の現場は，会員の職員やボランティアが運営し，出家者はほとんどいない。すなわち，在家者が福祉的活動の中心的役割を担っている。また，福祉的活動については，台湾全土を地区ごとに分けていて，ソーシャルワーカーの資格をもつ信者などが各地域を統括し，大勢のボランティアに指示している[12]。このように，在家信者が信仰実践として福祉的活動や医療福祉にかかわる現場の仕事に従事するのであり，出家者は僧侶としての

---

10)　台湾では「社会工作師」という名称が使われているが，その公式英訳が social worker となっており，また日本に置き換えると「政府認定のソーシャルワーカー」となるため，本書では，ソーシャルワーカーと表記している。詳細は，宮本義信，2013，「台湾における政府認定ソーシャルワーカーの動向―高まる「社会工作師」の需要―」『同志社女子大学生活科学』Vol.47, pp.1-10 を参照。

11)　金子，前掲書，p.24 参照。

12)　この他にも，医療の部門や宗教の部門，慈済会の歴史をまとめる部門など，各部門によって構造は異なる。

あり方を求められる他，学校や国際活動等の活動分野ごとに担当の尼僧が決められていて，企画に参加している。さらに，世界中のさまざまな活動が慈済会本部や證厳法師に報告され，證厳法師が指示を出し，テレビ会議などで活動の企画に参加することもある。

　ここに興味深い点は，仏教的教化を行う出家者と仏教精神による社会活動を行う在家者が，共に證厳法師という実質的指導者を仰いで活動している点である[13]。證厳法師の指導のもと，それぞれが異なる働きをしているからこそ，出家者と在家者はまったく没交渉なのではなく，互いに尊重の心で接せられるのであろう。厳しい修養の生活をする僧侶に対する在家信者の尊敬の念が大きいのはいうまでもないが，在家信者の菩薩の如きはたらきへの尊重も感じられる[14]。現地の法師から「人生の問題については僧侶に相談し，社会的・経済的な問題に関しては在家の専門職が対応する」という言葉を聴いたが，活動ではこのように出家者と在家者の双方が必要とされ，良好な関係を築いていることがうかがえる。

4）教団の福祉的活動と仏教理念について

　慈済会の信者たちは，国内に限らず，海外でも幅広く福祉的活動や仕事に喜んで取り組んでいる。活動の現場が教団内の施設ではなく，他宗教の信者が多い場面もある。また，台湾では宗教が学校等の公共施設に入ることが許されていない[15]。そこで，公的領域においては，基本的に仏教的理念などは語らない

13）　金子，前掲書，pp.233～237によると，大きな信頼と影響力をもっている證厳法師に，もしものことがあった場合の組織のあり方については，すでに15年前には対策が進められていたようである。信者たちのテキストになる法師の言語録などが編纂され，法師の機関誌上での露出を減らして活躍する慈済人たちの活動状況を前面に出すなどの工夫がなされている。しかし，すべての慈済会の支部や寺院の代表者は，いまもすべて證厳法師の名前になっている。

14）　在家信者への尊重は，筆者が訪問した際も法師が専門的な意見を社会福祉士の在家信者に尋ねている様子からもうかがえた。

15）　2019年3月1日の慈済会での聴き取りでは，このように公教育の場に一切の宗教は立ち入れないという，政教分離の原則が厳しく守られていることをうかがった。一方で，福智の学校では，布教こそしないものの，授業で読経をする機会もあるという。この相違は，日本の公立学校で一切宗教の授業が行われないのに対し，宗教系私立学校では宗教の授業が設けられているというのと同じ

という。仏教ソーシャルワークについての授業についても，大学等で行うことはできない。あくまでも専門職のソーシャルワーカーとして活動現場ではあらゆる宗教に対して中立の立場をとらねばならず，他の宗教についても偏見をもたずにかかわることを心がけているという。證厳法師からは「宗教を分けてはいけない。愛は同じである」との指導があり，徹底されている。ある意味で，仏教的理念があるからこそ，自分の信仰を押しつけずに他宗教への尊重と融和を心がけた活動を展開しているといえる。

5) 教団の福祉的活動の質の向上のための研修

　慈済会では，職員やボランティアを対象にした「人文課程講座」という一般教養の講座があり，企画カリキュラムや予算，法律に関する実務的な研修とは別に，仏教的な礼拝の仕方や食事の作法などを含む，慈済会職員としての生活様式や，慈済会のすべての事業の内容や，慈済会の理念を学ぶ3日間の研修がある。新人職員の場合は，とても厳しく研修が行われるのであるが，それ以上にボランティアスタッフの研修は厳しく，2年間という長期にわたる指導が行われる。

6) 慈善志業―生活困窮者支援やホームレス支援の現在―

　低収入家庭の支援など，貧困問題に始まった慈済会の福祉的活動「慈善志業」は，現在も継続されている。特に台湾では先住民で厳しい生活を余儀なくされているものもあり，無料診療や自宅の訪問と医療的ケア等が行われている[16]。また，外国人労働者への無料診療や検診なども行われている[17]。2018年に慈済の外国人労働者向け無料診察が，屏東東港外国人漁業就労者と高雄前鎮外国人労働者を対象として3回実施された際の受診者数が延べ2276人に及んだとい

と考えてよいであろう。
16)　聞き取りによると，慈済会によるホームレス状態の人への支援は，とても寒い日に路上で生活している人の身を案じた證厳法師によってはじめられたという。長期的なケアが必要な人がいれば，政府からの生活補助金を申請するのに同行することもある。
17)　前掲『慈済ものがたり』269，pp.4〜42参照。

う。この数字からも，いかに台湾における外国人労働者の問題が深刻であるかがうかがい知れる。

　調査時に慈済会の生活困窮者への支援における仏教的理念を尋ねたところ，「布施」の精神を挙げていただいた。これは支援を行うボランティアスタッフにのみ求められるものではなく，生活困窮状態の人自身にも同様に布施の功徳の大切さを教えている。実際に慈済会では，生活困窮者のもとを訪問する際，竹製の貯金箱を渡して困窮者本人が善慧（良い心）を起して貯金し，たまった貯金を基金会に寄付して功徳を積むことを推奨している。これは結果として仏教的な功徳を得るのみならず，当事者の自尊感情や自己効力感を育む上でも大切なものといえる。このように慈済会では，一方的に与える支援ではなく，当事者自身の心も大事に受け取り，育むことを配慮した支援を行っている。

　そんな慈済会の生活困窮者支援のうち，身寄りのない人や高齢独居者などを対象とした事業で中心となるのは訪問型の見守りであり，同教団ではもっとも力を入れている。この他，単身独居の高齢者には，居場所となる家の建て直しや住み替えの手伝いなども行っている。

　ホームレス状態の人々を対象とした支援事業の中心は，政府が行っている支援の協力であり，この点は日本の慈済会の活動とは異なる。台湾では，政府が一人ひとりのホームレス状態の人の状況を把握している。そのため，政府から慈済会に対して病院に行く必要がある人がいれば支援の要請があり，当事者には政府からの医療費支給を受けてもらって病院に同行する等の支援を行っている。同じように，生活困窮状態の当事者に生活補助金が政府から支給されても，金銭管理ができない場合には，政府からの要請に応じて慈済会のボランティアが当事者の金銭管理の手伝いをすることもある。このように台湾の慈済会によるホームレス状態の人々への支援は政府への協力が中心であり，無料低額宿泊所事業や依存症のケア等を主体的に行うことはほとんどない。

　また，路上生活者の人権擁護運動等のアドボカシーに関する活動は，上記の「慈済十戒」第十戒の政治的な活動をしないという条目に抵触するため，一切行っていない。

　日本では，慈済会のボランティアスタッフや在家信者たちが，東日本大震災などの災害支援時に金銭を配布したり，ホームレス状態の人たちへ多くの物資を提供していたことが注目された。しかし，台湾における活動では，困窮世帯の相談があった場合にも，まずは当事者との話し合いを通じて必要な支援金額を決定する評価を行っていて，安易に金銭を配布することはないという。学費などの支援が必要な場合にも，慈済会のボランティアが当事者宅を訪問の上，必要に応じて学校などに支払い，本人に直接渡していない。あくまでも金銭を当事者にただ渡す支援ではなく，基本的にはまず当事者との話し合いを行うことで，共に必要を考えてから支援内容を決定しているのである[18]。

　ちなみに，日本と台湾の慈済会の生活困窮者支援活動の違いのひとつに，活動現場における仏教的教化の姿勢が挙げられる。日本における慈済会のホームレス状態の人々への炊き出しでは，精神的な救いを施そうという思いから，積極的に不特定多数の当事者への法話等の教化を行う姿勢がみられる。一方，台湾の慈済会は路上に寝ている当事者に毛布などの必要物資を渡してコミュニケーションを取りながら，当事者の必要に応じて證厳法師の『静思語』の内容を共有している。

　また，台湾では困窮者の葬送支援を行う場合にも，当事者の信仰を尊重する観点から，あくまでも経済的サポートが中心であり，臨終時の助念（念仏）も必要に応じて行っている。ここにも，台湾の慈済会ボランティアが自身の信仰をモチベーションとして活動しながらも，当事者の信仰を尊重する姿勢が見受けられるのである。

---

18)　慈済会から当事者への支援においては，ボランティア個人が用意した金銭や物資を渡すことはなく，慈済基金会が必要に応じて用意している。わずかな寄付も無駄にしない姿勢が見受けられる。

7) 今後の福祉的活動における課題と改善点

　聞き取りの最後に，現在の慈済会が課題としている点をうかがった。本論の冒頭にも述べた通り，台湾も少子高齢化が深刻な問題となっている状況において，子ども向けのケアの必要が減少している。一方で，高齢者のデイケア施設がまだまだ足りていない。慈済会も高齢者ケア活動を行っているが，日が浅く，これから拡充していく必要があるという。また，高齢者とのコミュニケーションの方法も新たに模索する必要があり，電話やEメールの他にも，時代に合わせたわかりやすい伝達方法を考えることも課題である。さらにもうひとつ大きな課題として，活発な支援活動を展開してきた慈済会ボランティアスタッフ自身の高齢化の問題がある。世界的にも展開している団体だけに，スタッフの高齢化の影響は多岐にわたることが予想される。長年社会における福祉的活動を広く展開してきた慈済会であるだけに，急速な少子高齢化の影響による社会の変化に対応することが求められているのであり，そこには慈済会の支援体制の構造的な変革も必要なのかもしれない。

3.2　佛光山における仏教ソーシャルワーク

1) 佛光山の開祖と歴史

　開祖の星雲大師は1927年に中国江蘇省江都県に生まれ，仏教を信仰する母方の祖母に従って，子どものうちから精進料理で育つ。南京に仕事に行ったまま消息を絶ってしまった父親を捜すために母親と南京に行き，12歳で南京の棲霞山寺の志開法師を師僧として出家する。1941年には具足戒を受けて正式な僧侶となり，天寧寺や焦山仏教学院などで研鑽を積み，1947年頃には仏教教化のための雑誌の編集刊行を始めている。1949年には台湾に渡るも，スパイ容疑で捉えられて刑務所に拘留されることもあった。台湾では教化伝道のための執筆活動を行う傍ら，台湾東部の宜蘭雷音寺にて念仏会や学生会，児童の日曜学校などの組織をつくり，より積極的に弘法活動を行う。1954年には村々をまわる他，刑務所での布教を開始し，1964年には高雄に寿山寺を建立して，そこに仏教学院を創設する。そして，1967年には，「教育で人材を育成し，文

化で仏法を広め，慈善で社会の福利をもたらし，共に修行することによって人
心を浄化する」という 4 つの趣旨を掲げて高雄に佛光山を創建している。これ
以後，急速に組織は拡大してゆくことになる。

　組織としては，1972 年に佛光山内の組織規約を制定して近代的な制度組織
をもった教団となる。現在では，世界各地に 194 ヵ所の別院と 170 の支部があ
り，さらに美術館や図書館，病院，中学校，大学，身寄りのない高齢者や孤児
の施設等も次々と建設された。また，書道教室や精進料理教室，さまざまな合
宿を行い，海外で活動する国際 NGO まで設立している。

　福祉的な慈善活動については，慈済会よりも古くから広く行ってきた歴史が
ある。福祉的な事業は，佛光山慈悲基金会によって行われ，その内容も多岐に
わたる。1970 年に設立された大慈幼稚園で孤児を育て，1962 年に設立された
宜蘭の仁愛の家や 1976 年に設立された仏光精舎において，身寄りのない高齢
者が安心して暮らせるように無償で支え，仏光診療所で貧困や病気に悩む人に
医療を提供している。また，遠隔地の巡回診療を行う雲水医院や，年末の冬季
救済会，緊急援助を行う急難救助会，ボランティアと臓器提供を呼びかける友
愛服務隊，刑務所での教誨活動，災害救援活動等，非常に幅広い活動を展開し
ている。さらに，貧しい人や身寄りのない人が，死後のことで不安を懐かない
ようにと，佛光山万寿園公共墓地の 2000 基の墓を無償で提供する支援も行っ

写真 5-3　佛光山の大雄宝殿

124

ている[19]。佛光山の福祉的活動の全体像については，長年佛光山の慈善事業を牽引してきた依来法師の第4章「人間仏教における事前の理念と実践」をご覧いただき，ここでは直接調査において聞き取った内容を中心に佛光山における福祉的活動の特色を論じてゆく。

2) 刑務所での教誨と支援

　星雲大師が台湾で最初に行った慈善活動は，刑務所の教誨であった。当初は宜蘭の刑務所所長から受刑者のケアをしてほしいと頼まれて始まった。以後，現在まで続いており，佛光山ではとても古い活動のひとつである。

　現代では，麻薬の依存症者に対するケアも行われていて，台湾南部の屏東の刑務所でも毎週のように佛光山のボランティアが派遣され，麻薬依存症の受刑者のケアも行われている。刑務所でのケアは，政府からの依頼に応じて僧侶と在家信者のボランティアが一緒に行っている。ちなみに，刑務所での活動は大きく2種類に分けられる。ひとつは，大きい教室にて何十人もの受刑者の前で講話をする集団教誨，もうひとつは，選挙でわいろを渡したような政治犯に多く行われる個人教誨である。こうした教誨活動を経て，なかには元ヤクザで更生し，結婚して，刑務所における講師になり，他の受刑者の更生を手伝っている者もいる。

　過ちを犯した受刑者にも尊重の心で向き合い，受刑者自身が人として大切にされていると思えるからこそ，罪を犯さずにおれなかった自己の苦しみを吐露し，真剣に人生をやり直そうと考えるようにもなるのである。慈悲と存在の平等性に深く通達した法師達による教誨は，新たな罪に苦しむ人を減らす取り組みでもある[20]。

---

19)　佛光山の福祉的活動については，『傳燈―星雲大師傳』(2003年，中外日報社)pp.154～160，および佛光山ホームページを参照。
20)　2019年4月18日の佛光山東京別院での聞き取りにて，法師より相談電話の事例をうかがった。その折，商売に失敗して苦しく，仕事関係のすべての人を殺して自分も死のうと考えていた方が，法師との対話を通じて思いとどまり，人生をやり直した結果，数年後に安定した生活が送れるようになったという話を聴いた。加害者になる人の多くは，危害を加える以前に悲しみや苦しみを抱え

3) 高齢者支援の経緯と現在

　1960年代，キリスト教の老人ホーム「仁愛の家」が5年ほど運営して続けられなくなり，解散を考えていた。それを知った政府は，星雲大師に引き継いでほしいとお願いし，大師はそれを受け入れた。名称はもともと「救済院」であったが，星雲大師は，「救済」が「貧しい人を助ける」という意味であるため，「慈愛の心を高める」という意味の「仁愛」に改め，運営を行うようになった。この施設の運営をはじめ，佛光山の高齢者支援は現代も続けられている。「仁愛の家」も，2018年9月には大部屋から個室にリフォームし，バリアフリーの施設になった。

　佛光山には，高齢者支援のための施設が3種類ある。それは，① 高齢者をお預かりして，24時間生活してもらう施設，② 仕事をしている間に介護が必要な高齢者を預かるショートステイ施設，③ 歌を歌うなど，さまざまなイベントやメニューがあるデイケア施設である。ただし，認知症だと入ることはできない。

　このような佛光山の高齢者福祉は，政府からの依頼があっての支援ではなく，佛光山が自発的に行っている。運営も，政府からの補助金を用いていない私立の施設である。そのため，貧困者の場合には無償で利用ができ，それ以外の高齢者でデイケアにきている場合には料金が必要になる。とはいえ，料金が必要な場合も安価であり，佛光山が営利を目的として行っている事業ではない。

　また，他にも佛光山は，独居老人たちに昼の弁当を届けるサービスも行っている。これは信者・非信者に関係なく，地域の独居者全体に対するものである。独居の高齢者本人からメールがあるなど，必要があれば応対している。高齢化の進む台湾において，佛光山は早くから孤立の問題を解消する具体的な取り組みに着手していることがわかる。

ている。法師たちは日頃の活動において，そうした悲しみや苦しみを聴くことを通じて，激情にかられた極端な行動を起こさせず，安定した心持ちに導いている。

4) 孤児の支援

　星雲大師が高雄に来て寺を建立した当時，台湾の社会は貧しかった。そのた
め，寺の門に子どもたちが捨てられることもしばしばあった。それを見かねた
星雲大師は，育てることにした。なかには名前のない子もいたが，それも自分
の子どもとし，星雲大師の出家前の名字を孤児に与えた。名前がないと，戸籍
もなく，学校にも行けない。佛光山では，今まで48年の間に1,000人以上の
孤児を育てており，当時の一番小さな子がいまでは60歳代になっているとい
う。もちろん，どんな家から出た子どもたちも等しく大切に受け入れ，育てて
いる。そのため，先住民の部落の長老や，親の出家によって南アフリカからき
ている子も分け隔てなく受け入れられている。子どもたちも，共に生活するな
かで法師と家族のようになっていくのだという。

　日本では，寺院で孤児を預かって育てた場合，その子も僧侶にしてゆくこと
が多かった。しかし，佛光山の児童養護施設で育成された子どもたちは，みな
佛光山の子どもでありながら，社会の子どもでもあるため，出家するかどうか
は本人が決めることであり，佛光山が無理に出家させることはないそうであ
る。

　こうした孤児たちの支援も，高齢者支援や刑務所での支援とともに佛光山が
長年継続してきた活動である。孤児の支援の最初期からかかわってきた慈容法
師は，活動のために日本に留学して，日本の仏教系大学で児童福祉を学んだと
いう。台湾における仏教的な児童福祉支援を行うにあたっては，日本において
西洋型のソーシャルワークも学び，柔軟に取り入れ，継続的に活動してきたこ
とがわかる。そのような交流によるものなのか，日本の社会的養護のグループ
と佛光山の児童養護施設の子どもたちの交流のために，池袋駅西口で双方の子
どもたちの発表会をしたこともあるという。

　また，慈容法師の妹で共に子どもたちの支援にもかかわりをもっていた依来
法師は，「この子たちは，佛光山の王子様とお姫様である」という。すなわち，
子どもたちの自尊感情を大切に考えて，彼らを「社会に捨てられた子」にして
しまうのではなく，「佛光山の王子様やお姫様」として接することで，一人ひ

とりをかけがえのない大切な存在と感じてもらえるように育ててきたということである。孤児となった子どもたちのなかには，自分が傷ついていることにさえ気が付いていない子もいる。だからこそ，彼ら一人ひとりを尊重する支援が大切にされている。幼い時に自尊感情をしっかりと育むことは，成長した子どもが社会生活を営む際に大きな力になる。佛光山の児童養護施設では，開創当初から子どもたちの自尊感情を大切に育むことを実践している。

　そんな自尊感情につながる自己効力感を得てもらうことも佛光山では大切にしている。佛光山には「パンを与えるよりも，パンの焼き方を教える」のが大切であるとの考え方があり，持たざる者に与えるような慈善はあくまでも方便であり，教育こそ根本にすえるべきことであるという。人生は，自分の足で歩んでいかねばならない。子どもたちは，自分の力でがんばって前に進んでいく。自分でパンを作って，売って，稼ぐ苦労を学び，時折，芸術によって心を豊かに育む。そのように佛光山の児童養護施設では，努力することや働くことの大切さ，自分で何かを創作する多様な機会を設け，身寄りのない子どもたちに自己効力感を得てもらい，自己尊厳を大切に生きてもらえるような支援を行っている。

写真 5-4　高雄にある佛光山の大仏

5）医療支援活動

　佛光山には，医療チームもある。およそ 50 年前には，台湾では医療を受け

られる環境が整っていなかった。特に辺鄙な場所では医療に困ることも多かった。

　移動しながら医療を施す佛光山の「雲水病院」は，週に一度，そんな辺鄙な地域にいって，そこで並んで血圧を計るなど，診察を行っている。行き先は複数の定まった場所である。活動では医師と看護師と法師が一緒に動いている。

　現在の台湾は，医療の水準も上がり，多くの地域で医療が安定的に供給されるようになっているが，やはり先住民族の住む地域には，いまも医療を必要としている人たちがいる。雲水病院は，5台の車を使って，先住民のところでの移動診察を続けている。

　ここでは血圧の他に，骨粗しょう症の検査や老眼の眼鏡をつくる検査をする。認知症予防のための検査も行われる。検査には，国際的にも認められている「AD－8（認知症検査）を用いている。この診察で認知症の傾向がわかれば，家族に伝えて病院での検査を受けるようにすすめている。この認知症検査については DVD があり，映写して観ながら検査を自分でやってもらうと，自分の状況がわかるようになっている。

　ちなみに，医療的な検査などは医師と看護師の仕事であるが，佛光山の医療支援の重点は心のケアにあり，医師たちによって身体の検査が終わると，法師のお話を聴いてもらう。いまでは風邪をひいていなくてもお話を聴きに来る方もいらっしゃるほど，心のケアとしての法師の講話は浸透している。また，仏光会の下部組織であり，仏法を深く学ばねば入ることができない友愛服務隊は，法師の代わりに宣教師となって病院などで教えを説くこともあるという。このように，佛光山が行っている医療支援もまた，仏法と一体になって行われている。

6) 佛光山におけるソーシャルワーカーの位置づけ

　佛光山も慈済会と同じく，ソーシャルワーカーを雇っている。佛光山の信者に限らず雇用し，専門職として信仰にかかわらずに活動する。ソーシャルワーカーは，支援現場をみて，支援に関する計画を佛光山に相談する。その活動の

決定は，佛光山が行うので，ソーシャルワーカーと佛光山の信者とで意見が衝突することはない。そんな佛光山内のソーシャルワーカーの数は，北部・中部・南部の台湾全土3ヵ所の基金会支部に，少なくとも3人ずつ有償のスタッフとして迎え入れられている。

以前，台湾では，ある生活困窮者が10人分の生活補助の金銭を求める申請を行った詐欺事件があった。こうした詐欺に騙されないように，ボランティアはソーシャルワーカーの判断を仰ぐのである。佛光山のボランティアたちはソーシャルワーカーの知見を尊重し，ソーシャルワーカーは佛光山を尊重している。この関係性があるからこそ，1円であっても無駄にすることなく，慎重に支援活動を続けられるという。

また佛光山では，ホームレス状態の人に対する特別な支援を行ってはいない。しかしながら，ソーシャルワーカーを通じて支援の必要があるとわかれば，個別の必要に応じて行う場合がある。このように，ソーシャルワークの専門職を雇用することで，教団として健全な福祉的活動が展開できているのである。

7) 今後の佛光山の福祉的活動の課題と展望

今回の聞き取りの中で，佛光山の慈善活動には3つの軸があり，高齢者福祉施設の運営，児童養護施設の運営，刑務所における教誨活動であり，この3つは今後も変わらず活動していくとの話をうかがった。この3つの他にも，佛光山は積極的にさまざまな国と地域で災害支援も行っているが，これは臨時の活動であるという。

少子高齢化の影響で高齢者は増加し，認知症を抱えた人々も増えている。それに応じて，佛光山の古くなった高齢者福祉施設も直し，独居老人への支援も始めている。こうした点は，これからも必要に応じて拡充するという。

ただし，依来法師が「人間仏教は必ず世間で行われなければならない。部屋を閉じて，自分だけが座禅を組んでいるのではいけない。だから，佛光山の法師は，みな活発である」と語り，また「在家であれ，家庭に仏法があるのが大切であり，福祉的な活動もまた，家庭の一人ひとりが自発的に行うようになる

ことが大切であり，それが人間仏教である」というように，佛光山の福祉的な活動はあくまでも方便であって，その中心は人間を育てていくことにあり，仏陀の智慧と慈悲による教育が大切にされていることがわかる。そして，開祖の星雲大師が提唱する「人間仏教」は，世間の人々のなかに釈尊の慈悲を広めることである。だから，自然災害があれば救援を行い，他にも必要があれば福祉的な活動を行うが，あくまでもそれは仏陀の智慧や慈悲を実践する人を育てる上で大切なことであるとの認識による。そのため，今後も佛光山では，あえて仏教者による福祉的活動を推進してゆくことはなく，あくまでも仏法の智慧と慈悲をもって人々の苦悩に向き合う人間を育ててゆく姿勢に変わりはないことがうかがえる。

3.3　法鼓山における仏教ソーシャルワーク

1）法鼓山の開祖と歴史 [21]

　開祖の聖厳法師は，1930 年に中国江蘇省南通県狼山付近の小娘港に生まれた。翌年，出生地は長江の大水害によって埋没し，江南の常熟県常陰沙に移住する。貧しい小作農の家庭で育ち，第二次世界大戦の勃発による不安と動乱のなか，10 歳で少年工として徴用されたという。栄養も乏しく病気がちでもあった。災害，貧困，戦争によって苦しい生活を強いられえるなか，13 歳で縁あって狼山広教寺にて出家する。だが，戦争の激化と戦後の混乱によって狼山は仏法を学ぶ環境ではなくなっており，聖厳法師は 1946 年に上海大聖寺に移り，やがて上海静安寺仏学院にて仏教学を広く学ぶことになる。ところが，国民党と共産党の争いが始まり，またも社会の混乱に巻き込まれる。聖厳法師も仏学院の同窓とともに，宗教に否定的な共産党のもとから逃れようと，国民党軍の通信部隊に入隊し，1949 年に台湾へ移住する。その後，十年間，軍隊に所属しながら，仏教的な文章を執筆する。病気を契機に除隊し，再度台湾北投の東初禅師のもとで再度出家し，戒律学や阿含の研究，比較宗教学など，仏法や宗

---

21)　法鼓山及び聖厳法師のことについては，アンケート調査の内容と釈聖厳（2005）『聖厳博士自叙伝　勉学と思想』法鼓文化事業を参照。

教の修習に専念するようになる。1969 年に日本に留学して博士号を取得する
と，1975 年にはアメリカへ渡り修禅を指導するようになる。1977 年に東初禅
師逝去後は，その遺言により中華仏教文化館と農禅寺を継承し，積極的に教育
事業を展開し，人間を育てていく過程で福祉的な活動も広く展開されていくよ
うになる。

　法鼓山の福祉的活動自体は，1956 年に農禅寺等において東初禅師が開始し
ていて，仏陀の慈悲によって世の人々を救済する精神に基づいて，台湾の北投，
及びその近隣の地区に物資や金銭等を援助する，定期的な貧困救済事業を展開
した。また，台北の栄民総医院で病気を抱える困窮者への慰問も早くから始め
られている。聖厳法師は東初禅師の活動を継続しながら，1982 年 4 月には，
信者の増加するにともない，社会に対するケア（関懐）を徐々に拡大する。貧
困者支援や病気の困窮者支援を行っている農禅寺と栄民総医院には，人々の健
康・心理・家庭・仕事などをワンストップで相談できる「甘露門」というカウ
ンセリングセンターも設けている。また，当時に設立した福慧念仏会の中に福
田組を組織して積極的にケア活動を実施し，福田組は台北市の慈善機構にまで
発展する。その後，福田組は「福田会」と改称し，緊急時だけではない日常的
な慰問活動を行うようになる。

　さらに，1989 年の法鼓山創建以後，社会の変容に応じて社会慈善活動も推
進されてゆく。1999 年 9 月には，「法鼓山社会福利慈善事業基金会」の設立準
備期間に 9.21 南投大地震が発生したため，積極的に政府機関に申請して，翌
2001 年 1 月に許可を得て同基金会は設立される。加えて，9.21 震災後にスピ
リチュアルケアを行うために「安心サービスステーション」を設け，同基金会
に組み入れて運営するようになってからは，台湾各地で災害があったときに
は，必ず救援活動を実施している。

　このように，同基金会は設立以来，国内外の緊急救援，貧困層の患者の家庭
と団体の慰問やケア，また奨学金の援助など，長期的・安定的に社会のケアな
どの援助活動に携わっている。これは法鼓山が提唱する「人の品質を高め，人
間浄土を建設する」という理念の実践にあたるものである。災害支援を行って

写真 5-5　高雄にある法鼓山紫雲寺

いる「安心サービスステーション」の活動については，災害ごとにその活動内容が出版物で紹介されているため，ここでは，法鼓山における福祉的活動の理念と実践の概要を論じていく。

2) 四還と三大教育

　法鼓山の重要な4つの約束事として，理念・精神・方針・方法が次のように掲げられている[22]。

　　理念：人の品質を向上し，人間浄土を建設すること

　　精神：自己を奉仕し，社会大衆を成就（完成）させること

　　方針：仏陀の本懐に還り，世界の浄化を推進すること

　　方法：全面教育を提唱し，すべての生き物を慈しむこと

　この理念は，『維摩経』の「心浄らかなれば，すなわち国土浄し」という経文を典拠としていて，浄土を建設する四つのステップは，経典に基づき「心浄」「行浄」「衆生浄」「国土浄」であるという。個人の心が清浄になれば，外に表れる行為も清浄（行浄）になり，行動が清浄になれば，周囲の人々にも影響を与えてゆく（衆生浄）ことになる。清浄になった自他は，さらに多くの人に善

22)　前掲『聖厳博士自叙伝　勉学と思想』p.235。

き影響を与えてゆき，やがて世界の人々の心も，その人々が住む外的環境も清
浄（国土浄）となってゆく。内なる自己の心と外なる環境とは，互いに関係し
あうため，2つであって不二でもある。だから，「心浄」が「国土浄」ともな
るのである。いいかえれば，人々が菩薩道を行することが，他人に善き影響を
与え，やがて外的な環境までも清浄になってゆくという考え方が，「人間浄土
の建設」なのである。

　この「人間浄土の建設」に欠かせない浄化のプロセスを明確化した理念が
「四環」である。四環とは，

　　心の環境の浄化と保護（心霊環保）

　　礼儀環境の浄化と保護（礼儀環保）

　　生活環境の浄化と保護（生活環保）

　　自然環境の浄化と保護（自然環保）

の4つで，心霊環保が心の浄化と安定をもたらし，礼儀環保は心・口・意のマ
ナーの浄化によって周囲の人々との調和を促し，生活環保が少欲知足の実践な
ど，いついかなる時も修養を心がけさせ，自然環保が自然に感謝して，自然環
境を保護するように進んで行うようになるというものである。上記の『維摩経』
の内容を，多くの人に実践可能で具体的な行動に移すための行動指針としたも
のが「四環」なのである。実践者自身が心身ともに安定していなければ，他者
にケアを施すことはできない。そのため，この四環は福祉実践者のあり方を考
える上でも重要な内容といえる。

　この四環に加えて重要なのが，「三大教育」という教育事業である。三大教
育とは，

　1. 大関懐教育—仏法による心の浄化と社会の浄化をする活動のこと。「関懐」
　　　　　　　　とはケアを意味し，慈善を含めたケア活動になっている。
　　　　　　　　このうち「大事関懐」は，信者や一般の人々に対して，往
　　　　　　　　生する時の助念（念仏などを称えて後世安楽を祈る手助け）や
　　　　　　　　読経を行うことである。もうひとつの「慈善関懐」は，自
　　　　　　　　然災害などの急を要する支援活動や，低所得者に対する支

　　　　　　　援の内容である。

2. 大普化教育—一般の信者に向けられた教育のこと。信者に禅の修行のコー
　　　　　　　スなど，さまざまな活動に参加してもらうもので，禅のコー
　　　　　　　スであれば，上中下のレベルがあり，どのように坐禅を組
　　　　　　　むのか（結跏趺坐）から始まって，段階的に教えてゆく。さ
　　　　　　　まざまな法要を開いたり，仏教学の勉強会を開くこともあ
　　　　　　　る。心霊環保についての学びもある。

3. 大学院教育—大学や大学院における教育のこと。法鼓山には，一般の大
　　　　　　　学と一般の大学院と僧侶の大学の３つがある。僧伽大学は
　　　　　　　そのうちの大切な学びの場のひとつで，４年制である。

の３つである。開祖の聖厳法師自身が，仏法だけでなく，他宗教についても積
極的に学び，日本の立正大学の博士過程を修了しているほど勤勉であったよう
に，法鼓山は教育を重視し，教育に力を入れている団体である。そのため，法
鼓山で行われるすべての活動の根底には教育がある。法鼓山の法師たちは，「教
育はケアの目的を達成し，ケアは教育の任務を完成させる」と語り，さまざま
な物資等を用いた支援は副次的なものであって，心の教育に結びつけるもので
ある。すなわち，「ケアは教育の任務を完成させる」ということは，慈善やケ
アが教育をまっとうさせるものに必要であるという意味である。すべての活動
の中心は心霊環保（心の環境浄化）であって，ケア対象者への教育は，法鼓山が
行うケアの目的にもなっている。

　福祉的な実践や教育は，三大教育のうちでは１の大関懐教育の一環になって
いる。ここでは，「精神は物質よりも重要である」ということを念頭に福祉的
活動が行われており，「救済を急いで，貧しきを救わず」といった具合に，現
在の貧しさだけを助けてその場しのぎをするのではなく，貧しさから抜け出す
力を得てもらうように努めるという。人々の心の貧しさこそ，世界の混乱を招
く要因であり，それを解決するには，心の徹底的な改造が必要であり，教育に
よる心の変容によってはじめて，苦しい人生を大きく変えてゆくことができ
る。これが法鼓山の福祉的活動の根底に流れる考え方であり，その福祉実践の

特色にもなっている。

3) 災害支援

A. 三つの段階

　1999年の台湾大地震以後，法鼓山は災害支援を行っている。2008年に起きた中国の汶川大地震でも，過去の活動の経験を活かして支援を行った。法鼓山の災害支援は，以下の3つの段階で行われる。

　ステージ1　災害救援活動

　ステージ2　物質的支援

　ステージ3　心のリストラクション（restriction・再構築）

　ただし，聖厳法師の指示により，ステージ1と2の支援のように，他の人々や団体が行っていることは，極力その人たちに任せるようにして，ステージ3を中心に活動している。もちろん，このステージ3の内容は，ステージ1と2の支援を踏まえた上で行われる。したがって，実際の支援活動では，

　1. 救難援助が最優先（台湾人の愛の心）

　2. 物質の応用（物質は副次的なもので，心霊（スピリチュアル）な支援が主である）

　3. 教育とケアの両立（教育でケアの目的を達成し，ケアで教育の任務を完成させる）

という具合に，身体的ないのちを救援する活動の後には，物質的支援を用いながら被災者の心の痛みを受け取り，多くの喪失を経験しながらも，再び生き続けていけるような心の再構築を手助けする活動を展開している。そして，教育を通じて，多くの人々とともに助け合いながら，自分の力で生きていけるようにケアを行うのである。

B. 安心ステーション

　近年の四川大地震でも，法鼓山慈善基金会は「安心ステーション」を設け，

被災者の心の相談を行っている。この「安心ステーション」とは，法鼓山慈善基金会が勝手に作るものではなく，現地の政府に必要を確認して設置している。この他にも，奨学金を用意したり，小学校や高校の図書館などを設けることもある。ここにも，被災した青少幼年の生きる力を培うための教育を重視する法鼓山の支援姿勢がみられる。

　また，安心ステーションには，慈済会や佛光山のように西洋型ソーシャルワークの専門職であるソーシャルワーカーなどを雇って配置させている。法師やボランティアの活動はもちろん重要であるが，現地での支援活動には，福祉専門職の知識をしっかりと利用する姿勢がうかがえる。

　援助の方法は，支援先の状況に応じて柔軟に変化させている。基本的に支援の期間は4年間としている。しかし，4年間ずっと支援のために現地に入り続けるというのではなく，被災した現地の方々を教育して，自立した生活ができるように援助を行う。そして，4年間を終えると，その後は家庭訪問などを行い，必要であれば奨学金などを用意する。こうした家庭訪問には，スピリチュアルケアや宗教的ケアを行う法師達も同行する。法師達は，スピリチュアルケアや宗教的ケアを行えるように，毎年法鼓山の僧伽大学で「宗教師」として活動できるように訓練している。

　この法師の家庭訪問は2段階が設けられている。1段階目は，災害発生当初の時期で，法師は避難所に行くか，家庭に行って，お話をする。その対象は，仏教徒だけでなく，他の宗教の人も対象であり，求められた場合には仏法を伝えることもある。2つ目は，災害発生から長い時間を経過したのちである。例えば，台湾地震の場合には，20年以上が経過した今も，法師は奨学金を渡すなど，低所得層の支援にも参加し，現地の人の心のうちを聴いてもらっている。

　このように活動期間については，必ず4年間というわけではない。災害支援に関する目標を達成した時点で拠点を撤去する[23]。ちなみに目標とは，被災者の心や生活が落ち着くことであり，これが達成されて安心ステーションを撤去

---

23) 拠点となる建物は，災害現場の近くの民家を利用する場合もある。

写真5-6　古くは日本の禅宗寺院であった紫雲寺の仏堂

した後も，台湾地震の被災地への訪問のように支援は続けられる。こうした活動は，先ほどの三大教育の一大関懐教育のうちの「慈善関懐」の内容にあたる。

4) 僧伽大学における「宗教師」育成

　通常，出家して後に山奥で修行し，他者にかかわらない人を「隠士」と呼ぶ。これに対し，僧伽大学では，漢伝仏教（中国仏教）を学べるだけでなく，「宗教師」という社会のなかで人を助ける僧侶を独自に養成している。とはいえ，特別な志願者を「宗教師」として育てるのではなく，僧伽大学に学ぶ僧侶すべてを「宗教師」となるように育成している。それ故に，聖厳法師は僧伽大学の宗旨を「漢伝仏教・宗教師のゆりかご」と名づけている。

　僧伽大学は在家の人が出家になる養成所であり，出家した人も入学できる。ただし，出家者の場合には，すべてを捨てて新たに学ぶ心が重視される。ここでは，「人生仏教」と仰せになった太虚大師の影響を色濃く受けた聖厳法師の「人間浄土」の思想が宗教師に伝えられている。人間の世界を浄土のようにするためにも，人間の人格を向上させることが大切であると教え，災害の援助についても，ボランティアの精神を育てることを大切にしている。在家の人間に出家者としての考え方を教えこむことで，利他という価値観をもってもらう。自利中心の考え方を利他中心の考え方へと価値転換を行っている。こうした教

育によって，特別な資格などなく，法鼓山のすべての僧侶が，等しく人々の心の痛みや苦しみにも向き合い，福祉的な活動にも参加するように教えられているのである。

5) 今後の法鼓山の福祉的活動の課題と展望

　今回の聞き取りのなかで，法鼓山の慈善活動は，あくまでも教育の一環であるとの特色をうかがうことができた。貧困者支援も医療的支援も被災地支援も，あらゆる福祉実践はすべて教育の方便であり，最終的には，教育を受けた人々が，各自，菩薩行を実践することで，人間の人格的完成と世界の浄化（自然環境の保全も含む）が達成されるという理念のもとに，法鼓山の福祉的活動や教育は行われているのである。心の貧しさを仏教の智慧をもって開くことが，結果的に福祉的な必要を充足してゆくことにもなるという考え方が，法鼓山の福祉活動の根底にあることがうかがえる。

　また，今後の法鼓山の福祉的活動の課題や展望に関しては，少子高齢化など，社会全体の状況の変化に応じて，慈善活動やケアの内容を変えてゆかねばならず，昨今では高齢者支援を法鼓山でも開始しているという。ただ，法鼓山の教団全体として，どのような社会慈善事業を行ってゆくかという明確な方向は定められていない。それは，仏教で説かれる慈悲が，社会に苦しみや困難があって要請されることがあれば応えていく性格のものであり，社会の要求に応じて，活動を調整し，すべて人々の苦しみに応じて活動していく姿勢でもある。今後も柔軟に人々や社会的なニーズに応じた福祉活動を展開していこうとする意欲が感じられた。

　一方で，少子高齢化は，各地域のボランティアの老化や人員不足という問題を生じているという。法鼓山は数多くのボランティアを募集して，台湾全国で慈善事業を行っている。しかし，慰問によるケアには経験が必要であり，ボランティアが集まっても，すぐに活動で力を発揮してもらえるわけではない。ボランティアの老化による人員減少の問題は，活動の経験値の喪失にもつながっている。また，社会環境の変化にともなって，貧富の格差が大きくなり，社会

的に弱い立場の人の一群が増加し，都市と田舎の格差が広がり，僻地の資源の窮乏ははなはだしい。これは経済的な意味だけではなく，人的資源に関しても僻地は厳しい状況にある。法鼓山としては，国内の隅々にまで支援の手を差し伸べたいと考えているが，僻地に関しては，若いボランティアを募集しても集まりにくいというのが目下課題になっている。

　そのように厳しい課題はあるものの，法鼓山はすべての人にケアがいきわたるように，国境や宗教，種族を越えた，まさに「国境のないケア」を心がけている。それは貧困層の患者へのケアにとどまるものではない。社会における急を要する災害救援活動，困窮者の慈善救済，心の環境浄化を中心とした生命の教育，ターミナルケア，仏教的葬送儀礼，エコ自然葬（樹木葬）の推奨等によって，仏陀のあたたかい慈悲や人々を救済する精神を国際社会の隅々にまで届け，助けを必要とする人々のケアを行うものである。聖厳法師の「他者へのケアを行うなかで，自分を感化し，他者に貢献し，自分を成長させ，衆生を成熟させて，人間浄土を荘厳する」という言葉の通り[24]，法鼓山は教育の一環として各種の福祉的な活動を行うことで，慈悲によって他者をケアし，智慧によって他者を助け，相互の人間的な成長が促進されることで，幸せな人間を創造してゆこうとする強い願いがうかがわれる。

3.4　福智における仏教ソーシャルワーク

1）福智の開祖と歴史

　開祖の日常和尚は，1929 年に中国上海市崇明県に生まれた。エキュメニカルな台湾の宗教のひとつである一貫道の信者で，教師であった父親から，幼いうちより儒教を学ぶ。一方で，「世間に於いて最高の人になりたいならば，出家して仏法を学びなさい」と教え諭されたという。1947 年，抗日戦争後も混乱が続く中国を叔父と共に出て台湾にわたる。1950 年頃には南投県蓮因寺で仏教に帰依して修行をはじめる。1958 年には台南の台南工学院（現 国立成功大

---

24)　法鼓山社会福利慈善事業基金会からのアンケート調査の回答のなかで，聖厳法師が日頃からこの言葉を周囲の人に伝えていたことが記載されている。

学）土木工業科で学ぶ。1965 年に苗栗県円光寺で剃髪し，同県法雲寺で具足戒を受けて浄土宗の念仏法門を修習する。翌年，土木工業の知識をもつ日常和尚は，印順法師の「報恩小築」の建設を手伝うことになり，これが縁で印順法師の建立した精舎で学ぶことになり，さらに印順法師の弟子の仁俊法師のもとで厳しい戒律の精神を学ぶことになる。1972 年には，仁俊法師の侍者として，共にアメリカに行く。アメリカでの講経や経論の学習を行うなかで，日常和尚はチベット仏教に興味をもち，『菩提道次第広論』というチベット仏教のテキストを深く学ぶようになる。念仏法門を大切にしながらも，徐々にツォンカパ大師の著述である『菩提道次第広論』の講話を始めるようになっていった。このアメリカでの活動期に，同じくアメリカの寺院で活動して法鼓山の聖厳法師とも親しく交流するようになる。1984 年以降は，浄土宗の浄空法師の要請を受けて台湾に「華蔵講堂」を創設して，台湾とアメリカの両国での弘法活動を行う。1986 年にインドダラムサラの仏教論理大学に学びに行った折，ダライ・ラマ法王から直接，台湾で『菩提道次第広論』を弘めるように勧められ，以後，『菩提道次第広論』の新版の発行や研究，講話を積極的に展開してゆく。

　1991 年には，チベット仏教と戒律の修習を中心に行う福智比丘僧団と福智グループを設立し，翌年に福智比丘尼僧団を設立する。1993 年に財団法人福智寺を創設して以降，2004 年に円寂するまでの間に，『菩提道次第広論』の弘法と戒律に基づく慈悲の実践として，さまざまな福祉的活動を展開する団体を設立し，世界各地で教育や慈善，環境保護などの活動を展開している。福智は仏法の学習や教育事業が中心で，けっして福祉的な活動を積極的に行うという姿勢ではない。しかし，利他が自然に行われるような教育が徹底して行われているため，豊かな福祉的活動が行われてきている。特筆すべきは，戒律の精神に基づく環境保全の活動である。環境保全の活動では，しばしば環境保護の対象地域の人々の経済的問題を解消する必要に直面する。福智の場合は，この環境問題と地域の人の経済的・身体的な問題の双方を解決し，見事に双方が円満に暮らせるような仕組みを形成している。こうした福智の活動内容の詳細については，福智に所属している信者でもあり，当研究の協力者でもある江連恵美

写真 5-7　福智鳳山寺の大雄宝殿本尊

子が編集・翻訳した本書掲載資料に任せ，ここでは直接調査において聞き取った内容を中心に福智における福祉的活動の特色を論じてゆく。

2) 3 つの事業と 8 つの組織

　福智グループは，大きく①身体と，②心と，③精神にかかわる 3 つの事業と，その事業を実施，推進する 8 つの組織によって構成されている。図示すると，以下の通りである。

　　○ 福智グループ
　　　① 精神 ─仏法事業　 1 福智仏教基金会
　　　　　　　（仏法）　　 2 福智慈善基金会
　　　② 心　─文教事業　 3 福智文教基金会
　　　　　　　（教育）　　 4 福智教育エリア
　　　　　　　　　　　　 5 夢蓮花文化芸術基金会
　　　③ 身体 ─慈心事業　 6 慈心有機農業発展基金会
　　　　　　　（農業）　　 7 慈心有機認証会社
　　　　　　　　　　　　 8 里仁株式会社
　はじめに，① 仏法事業とは，人々の精神を高めてゆく仏法の学習を進める

活動のことである。1 福智仏教基金会は，在家者たちに年齢に応じた多くの短期講座を開催するなど，『菩提道次第広論』をはじめとする仏法を学ぶことを通じて，それを生活の中で実践してゆけるようにすすめる組織である。全世界に 20 数ヵ国，10 万人もの人が学んでいて，それぞれが「十善社会」という，すべての人が仏法に説かれる十善[25]を日頃の生活に実践し，助け合いながらともに暮らしてゆけるような社会の形成に寄与する活動を行っている。これは直接の福祉的活動ではないが，仏法を通じて，福祉的なマインドをもった人々を育てていくものであるといえる。

　2 福智慈善基金会とは，高齢者を敬い，賢者を尊び，仏法の慈愛をもって利他を積極的に実践する組織で，主に高齢者と共に食事をするサービスを提供する拠点を台湾全国に 10 ヵ所設けているほか，国際医療ボランティアとして，モンゴルやミャンマー，インド等で無料の診療を実施している。医療ボランティアには，医師たちも飛行機代や薬代を布施として提供し，一度の活動で約 2 週間ほど各地をめぐる。診療の内容は，1 日に 3 人の西洋医と 2 人の漢方医でおよそ 300 人から 500 人の診察を行う[26]。いわゆる医療福祉的な活動といえる。

　次に，② 文教事業とは，一人ひとりの人が正しい価値観をもって生活してゆき，社会が善と調和で満たされるために欠かせない教育を推進する事業である。心はいのちの方向を定めるものであり，教育はその心を育み，変えてゆくために大切なものである。仏陀は教育者でもあり，滅後 2500 年を経た今も変わらず人々を導くものであると，日常和尚はいう。仏陀の慈悲の教育の理念は，

---

25)　十善は『菩提道次第広論』の下士道の目標にもなっていて，不殺生・不偸盗・不邪行・不妄語・不両舌・不悪口・不綺語・不貪欲・不瞋恚・不邪見を意味する。

26)　医療ボランティアに関する内容は，2019 年 3 月 2 日に行った屏東県にある民衆病院での聞き取りに基づくもの。福智の医療ボランティアに参加する院長が運営する民衆病院では，運営の理念を仏教の「四無量心」とし，週に 1 度『菩提道次第広論』の勉強会を行っている。この他，月に 2 回，病院に僧侶の慰問を依頼している。ちなみに，民衆病院には 41 床のうち 10 床が緩和ケア病棟にあてられていて，医師，看護師，ソーシャルワーカー，ボランティア，僧侶がチームになってひとりの患者を見守るようになっている。この慰問を行う僧侶は，国立台湾大学附属病院で 3 ヵ月の研修を終えた臨床仏教宗教師であり，福智の僧侶も時折病院へ慰問にくるが，病院からの依頼ではない。また，ケアにかかわる一般のボランティアは病院で養成している。

写真 5-8　福智の医療ボランティアに参加する漲院長　於 屏東市民衆病院

すべての人の苦を考えて，抜くことにあり，知識や技能に偏重した現代の教育者の心に重要なものであるとする。

　そのため，3 福智文教基金会では，0 歳から 100 歳までの人が各年齢に応じたクラスを設けていて，心を豊かにする学びの場や生命を尊重することを学ぶキャンプ，環境問題を考える環境永続フォーラム等を行っている。特に教育を担う教師や企業家を育成することには力を入れている。

　4 福智教育エリアは，心の教育を行うためには良好な環境が必要であるとの日常和尚の方針に従い，知識教育だけでなく有機農業や生態系の保全についても学べる環境を整えた教育の場である。そのため，60 ヘクタールの学校の敷地に 100 ヘクタールの有機農場を有している。現在は，小学部から高等部まであり，崇高な人格の確立を目標としておよそ 1,600 人の生徒が学んでいる。

　5 夢蓮花文化芸術基金会は，心を育む上で大切な芸術や文化事業をつかさどる組織である。オーケストラやコーラスグループを擁し，国家音楽ホールの他，香港，シンガポール，深圳，上海，ニューヨーク，カナダなど，各地で仏陀の慈悲と知恵に基づく物語や演奏を上演している。

　最後に，③慈心事業とは，戒律の中心である「いのちを大切にする」という精神をもとに行われる無農薬農業を推進する事業である。農薬は蛇やネズミなどの動物のいのちを奪うのみならず，大地を汚染し，やがて人間のいのちを脅

かす。有機農業は，永続的な生体と環境の保全に取り組むことになり，生きとし生けるもののいのちと健康を守り，大地に愛を送ることになる。この事業は，有機農業を作る組織である6慈心有機農業発展基金会と，有機認証を行う認証組織である7慈心有機認証会社，有機農業でできた作物を加工するなどして販売する組織である8里仁株式会社によって成り立っている。この活動の詳細は，本書後半の資料にゆずり，簡略な紹介にとどめる。

　多くの農村で有機農業を開始してもらうためには，何年も時間をかけて農業の指導を行うだけでなく，農家の生活を脅かすことがないように経済的な問題を解決せねばならない。そのため，虫食いの野菜や果物を福智関係者が積極的に購入したり，食品加工会社と連携してジャムや菓子などの商品を開発，販売したりすることで，農家の生活の困難を防ぎながら，環境の改善に結びつく有機農業を定着させていった[27]。さらに，有機認証会社の非常に高い水準の有機農作物認証システムが稼働することで，商品の品質を高く安定的に保つことができるようになった。これは汚染された作物を口にしないようにして，人々の健康を増進させる意味だけでなく，農家の生活を安定させるためにも重要なプロセスである[28]。このように農家の生活と環境の保全の双方が守られる良い循環のモデルができあがると，水源の浄化活動や希少生物の保護など，多岐にわたる活動が行われるようになった。原住民部落における転作の指導は，彼らの経済と文化を向上させるものであり，原住民の生活を支える福祉的な活動ともいえるであろう。また，多くの第一次産業に従事する人々の生活と環境保全の双方を安定化させ，共生を実現している活動の数々は，昨今，注目されているグリーンソーシャルワークと呼ばれる福祉的活動にあたるものであり[29]，仏教の戒律思想に基づいた台湾型のグリーンソーシャルワークとして注目される。

---

27)　数年前には，台風で地面に落下してしまった大量のザボンを，文旦ケーキを開発して用いることで，農家の危機を救ったこともある。また，福智が行った有機農業の推進は，農家が経済的に安定するようになるばかりでなく，農業従事者を農薬による健康被害からも救うことになった。
28)　里仁が販売して得た利益は，社会慈善活動に還元される。
29)　レネ・ドミネリ著，上野谷加代子・所めぐみ監訳『グリーンソーシャルワークとは何か　環境正義と共生社会実現』ミネルヴァ書房参照。

3）日常和尚の言葉「観功念恩」「代人著想」と利他的活動

　日常和尚が残した言葉はたくさんあるが，多くの在家信者のなかで大切にさ
れている言葉のひとつが，「観功念恩」である。これは，他人からの功徳や恩
恵を見つめることで，自分が多くの人々や生き物の恩をいただいて生きている
ことを認識し，出会うすべての人に，自分の恩人であると思って接することで
ある。仏教の衆生恩の思想に通じる，この日常和尚の言葉は，いかなる人に対
しても敬意をもって接するうえで重要な思想であるといえる。福祉的な活動を
行う上で，ケア対象者に敬意をもって接することは，関係性を構築するうえで
も重要な意味をもつものである。また，日常和尚が日頃から伝えていたもうひ
とつの言葉は「代人著想」で，他人の立場に立って物事を考えることであり，
自分の利益を見るように，他人の利益を考え，他人を自分自身と同様であると
思うようにすることである。ケア対象者を他人として接するのではなく，わが
ことのように思うことは，ケア対象者に寄り添い続けていく中で重要な考えの
ひとつであろう。

　このように各人が，それぞれ他者をわがことと思い接してゆくうちに，人間
的成長を遂げてゆくのであり，人間的成長を遂げた人は，出会う人にも多くの
影響を与えていく。そうして人々が互いに思い合い，浄化しあう関係になって
いくことで，「人間浄土」が具現化されてゆくというのである。

4）今後の福智の福祉的活動の課題と展望

　上述の通り，福智は仏法に基づいた教育と実践が中心であって，福祉的実践
は福智で学んだ者の人間的成長の結果生じる利他的行為のひとつであり，積極
的にソーシャルワークの専門職と連携した活動を行うことはない。ホームレス
状態の人々への支援についても，冬の寒い日に寝袋を提供することはあるが，
それは他の団体から求められた場合に行うものであるという。そのように積極
的に福祉的活動を行わないとしながらも，各種事業の展開のなかで，仏法を学
んだ人々の利他的な活動は，多くの人と生き物のいのちを救い，環境を保全す
る活動にもなっている。そうした活動を一貫しているのは，『菩提道次第広論』

や戒律に共通する慈悲の思想であり，いかにしてこれを社会に具現化するかという福智に学ぶ人の努力が，現実に苦しむ人々に寄り添う人を増やすものになっていると考えられる。

　また，台湾仏教会は全体的に尼僧が多くなっているなかで，福智は他の教団と比べて男性僧侶が多く，僧侶養成が積極的に行われている印象を受ける。出家者と在家者の役割の分化も明瞭で，出家僧侶たちが仏法の習得にすべてを捧げられるように，在家者たちが全力で支える姿が見受けられる。出家者は，慈悲の実践や戒律の精神を体現する。それを在家者は心でしっかりと受けとめる。そのように出家者が示す純粋な慈悲の精神を，在家者は一般社会のなかで少しでも多く実践しようと努力する。そのように，在俗のなかでも出家が説く仏法にできるかぎり順じた生活を送ることを在家者は願うのである。そして，出家者たちが示す仏法の実践が，人々の苦を抜き安楽を施すものであることから，福祉的活動と重なる点が多くなるのである。こうした姿は，台湾の仏教教団全体にみられるものであるが，福智の場合，チベット仏教に伝承される，出家の師を在家信者は生ける仏陀と思って接する姿勢によるものか，まるで釈尊の時代の仏教教団をみているかのように，この関係性が徹底されている。在家者の出家者に対する信頼と敬意の深さが前提にあるからこそ，出家者の慈悲や戒律の精神が，在家者を通じて福祉的活動として具現化されていくのである。このように出家僧侶の心をわが心とする在家者によって福祉的活動が展開されるという活動形態は，日本にはみられない台湾仏教の大きな特色のひとつであろう。

　他の教団の多くが今後の活動の問題として挙げていた，少子高齢化にともなう福祉的課題について，福智は政府が進めている支援に協力をすることはあるが，主体になることはないという。ただし，政府から要請があった場合に，支援活動を行う人員の応援や経済的援助を在家者が行うことはあるという。つまり，基本的に生活困窮者支援など，社会局が訓練しているソーシャルワーカーが行うことは，仏教とは直接関係ないので，周囲から要請された場合に手伝うものであると考えている。しかしながら，これから建立する福智の大学におい

ては，高齢者支援やうつ病のケアなど，仏法と社会福祉のクロスフィールドということで，仏法を中心にしながらもその援助についての教育を行うことを検討している。うつ病は社会的に大きな影響を与える病であり，これは解決すべき課題であると福智でも認識している。西洋の精神医学や漢方などの東洋医療の部分は，在家者たちに任せ，僧侶はスピリチュアルケアを行うという。もっとも有効なうつを治す方法は，観念を変えることなので，仏法のポジティブな考え方を教えることも有効な手立てであると，福智の法師たちは語る。福智には，仏法によるスピリチュアルケアを学ぶ場が多くあり，重度のうつ病患者も，いままで仏法で軽減された事例があるという。今後は，新たな大学での教育において，仏法に基づく福祉的活動ということで，そのようなケアの精神と技術を受けられるようなることも推察される。

第4節　台湾における仏教ソーシャルワークの特色

4.1　台湾仏教教団における福祉実践に結びつく教育

　ここに取り上げた4つの台湾仏教教団による福祉的活動の事例や，活動に至るプロセスを振り返ると，僧侶が福祉的な知識や活動について積極的に学ぶことがあるとしていたのは，慈済会と佛光山と法鼓山であり，基本的に仏法以外を僧侶は学ばないとしていたのは福智だけであった。とはいえ，最初の3つの教団の僧侶たちも，福祉的な活動を展開する場合には，自分ですべてを取り仕切るのではなく，専門職のソーシャルワーカーを雇用し，現場で必要に応じて連携する形をとっていた。僧侶は人の心の痛みを受けとめ，指導してゆく役割であって，いわゆる福祉的な活動自体は在家信者や外部の専門職ソーシャルワーカーに任せていく姿勢がみられるのである。そして，4つの教団全体に共通するのは，仏法に基づく教育の結果，福祉的な慈善活動を喜んで行う利他的精神にあふれる人を育てている点である。あくまでも仏法に基づく教育が重要であり，その教育のなかで他者の苦悩に向き合う福祉的な心が育まれて，福祉的活動の実践者がおのずから増えてゆく。台湾では，医療や福祉のボランティ

アに参加する仏教徒は多い。それは自己の信仰実践として，仏法所説の慈悲を生活のなかで実践しようと考える人々が多く存在するからであり，それこそが，各教団の僧侶たちが教育に力を注ぎ，丁寧に仏法を伝えてきた成果といえるであろう。

　また，ホームレス状態の人への支援に関しては，各自治体がどこにどれだけの人が路上で生活しているか，その状態まで把握しており，必要に応じて行政から教団に支援の依頼があるという。多くの教団が，そうした依頼に応じて寝袋や食料を渡すとしていた。そして，どの教団も，食糧や寝袋などの一時的な支援は本当の支援ではなく，必要なのは自分で働いて生活する力であり，そのためにも教育が欠かせないと述べていた。行政がホームレス状態の人たちのいのちを守るための支援を丁寧に行っている点や，路上生活者の平均的な年齢の違いなど，台湾と日本で異なる点も多く [30]，単純に両国の支援のあり方を比較することはできない。しかし，行政からの要請に応じてホームレス状態の人のいのちを守るための緊急支援を行った上で，どうしたら安心して生きていけるのか，その人にとって何が必要かを一緒に考えて教育を施し，周囲の手助けを受けながら自立した生活ができるようにしようとする点は，日本の仏教教団にはみられない支援である。

　孤立した生活を送る独居の高齢者の支援については，聞き取りを行った複数の教団の信者たちが，毎日昼食や夕食を作って届け，一緒に食べるなどの見守り支援を積極的に行っているとの話を聴くこともできた。こうした在家信者による独居高齢者の見守り支援についても，日本ではほとんど聞かない。こうした支援は，台湾の仏教教団ではあまり把握しておらず，仏教教団で教育を受けた在家信者たちが，自発的に行っている活動であるというのも特筆すべき点であろう。まさに仏法に基づく教育によって，福祉マインドをもった人たちが養成されていくからこそ展開されているのが台湾の仏教ソーシャルワークなのである。

---

30)　中山徹・山田理絵子(2013)「台湾における遊民支援の制度的枠組みと補完的生活支援」『社会問題研究』62 参照。

4.2　拝仏から行仏へ―請求的な祈りから実践仏教へ―

　台湾の法師へのインタビューのなかで非常に印象的だったのは，福祉とは「困っている人にパンをあげることではなく，自分でパンを焼いたり，用意したりできるようにすることだ」という話である。自分の人生を自分の力で歩むことができないのもまた苦しいことである。永久にその人のそばにいて世話をしてあげられないならば，その人が他者の手助けを得ながらも自立した生活が送れるよう，自分で必要なことを行える力をつけさせることが福祉で大切なことだと考えていると，法師は語った[31]。

　また，昔の中国では，在家者が寺院に来て祈るのは商売のことや自分や家族の健康のことばかりで，基本的には自分のことだけを考えて仏前に座って拝んでいたという。しかし，祈っても健康にはならない。健康になるためには，自分で運動したほうが良いし，商売繁盛を祈るのであれば，自分の手掛けている商品の品質をより良いものにしようと努力することが大切である。このように「拝仏」といって，祈るだけで良い結果を求めるのは，仏教の因果の道理に反する。台湾の僧侶は，すべての人々の幸せを祈るけれども，祈るだけでなく，実現するために尽くす「行仏」が大切であると話してくれた[32]。

　上記は，日本の仏教徒の多くが，経典は僧侶が読むもので，自分自身では読まないという話がきっかけで聴かせてもらった内容である。しかし，この内容は，ただ経典を在家信者が読むか読まないかという話ではなく，日本仏教と台湾仏教のあり方の違いを「拝仏」と「行仏」という言葉で示していると感じる。本当に大切なことは他人にやってもらうのではなく，その内容を自分自身が受け取り，自分の生活に実践していけるように教育してゆくことであると再認識させられた。

　どんな問題を抱えている人に対しても，しっかりと向き合い，仏法を根底においてあきらめずに話し合い，必要なことを本人に選び取らせ，実践させてゆく姿勢こそ，台湾の仏教ソーシャルワークの基調となっているものである。自

---

31)　2019年3月2日　「佛光山」における依来法師からの聴き取り。

32)　2019年4月18日「佛光山東京別院」における慈容法師と依来法師からの聴き取り。

己の欲求を請求するような祈りである「拝仏」の段階から，仏道を自ら求める「求仏」となるように勧めると，次に自分で仏法を学ぶ「学仏」へと導き，最終的に自分の人生で仏法を実践する「行仏」にいたるように教育していく。この実践仏教のことを，台湾では「人間仏教」と呼び，「人間浄土の建立」というのであろう。そして，台湾の仏教ソーシャルワークは，仏法を人生の教育に用い，いかにしてあらゆるいのちが助け合って生きられるようになるかを考えさせ，自分で大切だと思う福祉的な活動を喜びのうちに実践させていく点に特色がある。台湾のこのような活動事例は，仏教と教育が融合することで，福祉的活動が豊かに展開していった好事例であり，仏教ソーシャルワークが世界に展開していく上で欠かせない大切な示唆を与えてくれるものといえるであろう。

資　料

福智による福祉的活動について

編集・翻訳：江連　恵美子

「福智」について

　新竹・鳳山寺の方丈，及び福智の創設
者・日常和尚（1929-2004 年）は，サンガ（比
丘，比丘尼僧団）及び在家信者の団体を設
立し，持戒と幅広い聞思修を重視する僧侶
を育成する一方で，在家信者には仏法と教
育を施し，仏法を実践するための方法とし
ての有機農法推進に力を注がれた。

写真資-1　日常和尚

　対外的には，在家者の仏法の学習を進める「財団法人台北市福智仏教基金
会」，儒教思想の復興を促す「福智文教基金会」，永続的な自然環境を保護する
「財団法人慈心有機農業発展基金会」等を設立した。現在，台湾全土及び海外
において，すでに 10 万余りの人たちが心の成長を願いこの学びの場に加わっ
ている（2019 年現在）。そして数多くの人が日常和尚の教導によって心を変容さ
せ，高い目標を掲げて努力し始めたのである。

　「仏法，教育，有機農業の 3 つには関連性がないようだが…」と好奇心で尋
ねる人もいるが，いかなる理由でひとりの僧侶の命の中に，これら 3 つの繋が
りができたのだろうか。

　日常和尚は，「命は永遠なり」と，揺るぎない確信をもって語る。時間が果
てしなく続き，空間もまた果てしなく続いていく中で，私たちの命は転々とし
ながら生まれ変わるのである。それゆえに日常和尚は，目前の社会，人類，自
己の命に対して，一般の人とは異なる見解をもち，異なる眼差しで「命の事業」
を展開していった。

　そして，出家者であるにもかかわらず，農民がどのようにしてお米や野菜を
育てるのかに心を向け，大地に心を向け，土の中，水の中にいる，または空を

写真資-2　新竹・鳳山寺

飛ぶ多くの忘れ去られた小さな命にも心を向けられた。お寺に住んでいても，心を天下の生きとし生けるものに向け，教育に向け，教師の苦悩，親の苦悩，子供の苦悩にも向けられていたのである。また，厳しい修行に精進しながらも，在家信者の命に始終関心を寄せられ，『菩提道次第広論（ラムリム・チェンモ）』の研究討論クラスを開いて在家者のための学びの場を築いた。

　福智の成長と進歩は，日常和尚の円寂後もなお，その慈悲に導かれている。そして弟子たちはその御教えにしたがい，「慈悲と智慧の聖教を光顕し，仁礼の徳風を明現する」という和尚の願いに向かって進んでいるのである。

福智の創始者・日常和尚

揺れ動く時代のなかで父親が示した出家の道

　日常和尚は，1929年，中国江蘇省崇明島に生まれた。清朝末であった中国では，割拠，侵略を経て中華民国を成立させた後すぐに軍閥勢力の台頭や北伐戦争が起こった。日常和尚が誕生した年はそれらが終息したばかりであった。激しい変化をともなった時代であったため，日常和尚がこの世に生を受けてから8年後の1937年には日中戦争が勃発する。中国は各地に貧困が溢れ，苦しく，混迷した環境にあった。外的な環境もそうだが，さらに恐ろしいことに思想的にも混乱した時代だった。100年の間，精神的な圧迫を受け，辱しめを受けてきた多くの中国人は伝統文化に懐疑的となり，伝統的な倫理道徳がいかなる作用も及ぼさないと感じていた。西洋の銃や大砲を横目に，中国人は人から苛められる立場にあったからである。

　多くの若者たちは，拠り所となる思想を失い，わけもわからず西洋の思想に追随して行った。その一方で年配の方たちは，このようではいけないと思いつつも，それを口にできなかった。それは，国家が他国からの圧力を受け，戦乱と破壊のなかにいるという事実がはっきりわかっていたからである。

　このような混乱と苦に満ちた時代のなかで，日常和尚は，揚子江口の崇明島という肥沃な場所で平穏に，周囲から愛されて成長した。最も重要なことは，日常和尚の父親は，このような全面的な西洋化を経験した後に，伝統文化に回帰した点にあった。そして，日常和尚に次のようにいった。「将来，仏法を学ばないのであれば儒学を学びなさい。だが，世間において最高の人になりたいならば，出家して僧侶になりなさい」と。

　日常和尚の父親は，五四運動時代の先進的な思想をもった青年だったため，もともとは完全に西洋寄りの考えであったが，このような思考，選択を経た後に自分の子が行くべき道を示し，導いたのである。

1928 年から 1937 年はいわゆる「黄金の 10 年」と呼ばれる時期で，中国の近代史において唯一戦争のない 10 年だった。このような歴史上比較的平穏な10 年に日常和尚は生まれ，幼少期を過ごされて成長していった。

抗日戦争が始まっても，崇明島は戦火を浴びなかった。日本人は上海にまで攻め入り，上海に住む崇明の人たちの多くは避難のために田舎に戻ることになった。1946 年もまた戦乱の最中であったが，青年であった日常和尚は叔父に連れられて台湾に入った。「台湾をちょっと見たかっただけ」だったそうだが，その後その当時を振り返り，「この一生はずっと戦火の端を歩いて来た」と口にされている。

衆生の共業（共通の業）が非常に劣悪で，人は皆，非常に大きな苦痛と失意のどん底にいた時代，日常和尚はまったくそれらの影響を受けることなく過ごされたのである。

劣悪な共業に染まらない福徳，智慧二資糧の円満

これは，日常和尚の宿世の業が非常に円満であったと考えられる。共業がこんなにも劣悪であった時代に，日常和尚が受けた別業は，完全に異なるものであった。どんな人であってもこのような環境のなかでは，必ず劣悪な共業に染まり影響を受けてしまうのだが，日常和尚にはまったくそのようなことがなかった。

どのような人がこのような業を為すことができるのか。文殊菩薩の公案に次のような話がある。文殊菩薩は，ある貴重な物を午前中に十字路に置いたが，夜になってもそれを盗む者がいなかったという。それは，過去の『不偸盗』の業が非常に円満だったことを示している。日常和尚の一生を振り返ると，やはりこのような特徴がみられる。

真に円満な業を為した聖者がこの世に現れたとき，衆生の共業がどれほど劣悪であったとしても，これらの共業の影響をまったく受けない道に導かれる。どのような人がこのような業を為せるのかについて確かにいえることは，聖者だけがこれを実現できるということである。

　聖者の条件は第一に，非常に高い智慧である。現代は科学至上の時代である。したがって多くの人が「仏教は科学的に学ぶべき」だといい，何でも科学を語ろうとする。だが，日常和尚はそのような世風に対し，「科学には限りがある」という立場を取っていた。科学には事実を明らかにし注意深く証明する精神がある。これは私たちが何かを学ぶ過程において非常に必要な態度ではあるが，仏教を学ぶ際には，ただこれだけでは，重要なものは学び取れない。

　以前，日常和尚は「無明の中にいる人の認知と感覚は極めて制限されている」と語った。なぜなら私たちは，仏法の心を訓練する法門を学び取る以前は，心識をコントロールできないからである。心識が見る，認識する，理解するものすべては随時変化していき，これはまるで，非常に硬い定規を使って「3センチは3センチ」と測るようなものである。だが，もしこれをゴムで測ったならば，一体何センチなのか分からないはずである。

　したがって仏法を学ぶことについて，日常和尚は常に「(仏法の大海は) 信をもって能入と為し智をもって能度と為す」と語っていた。私たちはまず最初に完全に円満なる仏を信じ，智慧を用いて徐々に法と相応していく必要がある。私たちの経験によって観察，実証し，最後にそれを心から信じ，帰命することで，仏と同じ円満さが得られるのである。この信心がないならば，「それを見せて証明してくれたら信じる」ということになるであろう。最初から制限のある五官で判断しようとするならば，「私の五官を納得させ信じさせてくれたら信じる」ということにもなり兼ねない。しかし，こうなったら終わりである。仏法は，業果，前世，来世を語るが，これは五官では知り得ないことである。よって，日常和尚はみんなに向かって「科学には限りがある」といい，世間における科学者の沢山の研究によってこの点を説明してきたのである。

　たとえば，人類が大量に農薬や化学肥料を使い始めて 40 ～ 50 年になるが，ガンの病例が非常に増加したのも 40 ～ 50 年である。科学技術と工業，商業の過度の発展が環境汚染，異常気象，および各種の病気による苦を生み出してきたことは明らかだ。日常和尚の導きにより，私たちはさまざまな悪循環をはっきりと見据えることができるようになった。

　このように，純粋で清らかな業を為すためには高い智慧が必要なのだ。法に従って取捨していく「決択慧」である。

　また，聖者の2つ目の条件は，非常に広大な福徳だ。この福徳があってこそ非常に劣悪な環境においても劣悪な共業（共通の業）の影響を受けずに過ごすことができるのである。では，どのような人がこのような広大な福徳を得ることができるのであろうか。さまざまな角度から考えられるが，和尚にはこの特徴があるとわかる。まず最初に，有機無農薬農業を推進しようとしたときのこと，和尚は非常にはっきりと語っている。

　「こんなに大量の殺生業は本当に我慢できないことだ。世間のこのような悪循環は続ければ続けるほど，私たちの業は益々悪化していく。これでは今後，環境に悩むことが多くなり，農薬，化学肥料を使い続けた挙句，人類に残されるのは3つの選択だけとなってしまう。すなわち，『毒死』『餓死』『戦死』の3つである。農薬，化学肥料によって毒死させられるのでなければ，土地の酸化により作物が育たなくなり，人類は生きながらにして餓死を迎えることになる。そして最後には，食べ物を奪い合ってお互いに殺し合うことにもなるであろう」と。

　以上は，業果について深く観察された日常和尚が，現世のなかで私たちが認識できることを説かれた言葉である。

　悲心と菩提心を自在に使われた和尚は，さまざまな事に気づかれた。たとえば，台風が来るという知らせを受けて，天気が少しでもおかしいと感じると，私たちに気象台に電話させたり，新聞やラジオで気象情報に注意するよう促した。私たちは「恐らくお寺や福智の学校のある地区への影響を心配しているのだろう」と考えていたのだが，その後そうではないことがわかった。和尚は，「こんなに激しい雨風で土石流があったなら，人々は大きな苦しみを受けることになる。だがもっと恐いのは，沢山の虫や計り知れない生きとし生けるものが溺れ死んでしまうことだ。本当に残忍極まりないこと」と，このように考えていたのである。

「化学肥料の危害は大きい」と，泣き続ける慈悲の和尚

　日常和尚に付き添って園区を散歩していたときのこと，そこに沢山の白鷺が現れた。今までなかった情景に，一緒にいた法師がある事を思い出していった。「以前聞いたところ，大悲精舎（当時福智の拠点のひとつであったお寺）近くの田んぼでは農薬を撒いているそうである。白鷺の群れが降り立って何かを食べていたのだが，しばらくして，その田んぼですべて死んでしまったそうだ。」その日，もともと和尚はとても気持ちよく散歩をしていたのだが，それを聞いた途端，言葉を失い，散歩から帰るとすぐに横になって涙を流して泣き始めた。

　その後，日常和尚は学長（在家の幹部）の一人に電話をかけていったという。「福智が計画している『福智村（在家信者の住居）』や『園区（福智の学校）』近くの農場には，どんなに損をしても構わないので絶対に化学肥料と農薬を使わないように。ひどい殺生業によって，こんなにも沢山の生きとし生けるものが，むごい死を迎えて苦しんでいる。この悪循環が続いていくならば本当に悲惨だ。」

　和尚の心はあまねく一切の衆生に向けられていて，このような菩提心を発した人が行う事はすべて，一切の有情を利益するために行われていった。それゆえに和尚は常に，「有機無農薬農業の推進は，みんなに健康な物を食べてもらいたい，殺生業を犯して欲しくない，という理由だけで行うのではない。あらゆる虫たち，この世界のあらゆる生きとし生けるもの，目では見えないが，鬼神，山神，地神，河神，風神，龍神たちがみんな安寧を感じる場所に落ち着き，互いを傷つけ合う苦しみを二度と受けないようにと願ってのことなのである」と語っていた。

　この点を別の面から考察してみたいと思う。国王に招聘されたアティーシャがチベットに入った後，アティーシャは，その地の衆生に帰依と業果を伝えると同時に，僧侶たちが戒律に安住するようにと導いたのだった。それは，最も円満なる教法というものは，中士道，下士道前のしっかりした基礎がなければ，衆生の心相続に根付かせることが不可能だったからなのである。だが，私たちがいる今の時代は，一人ひとりが深く重い貪，瞋，痴の共業を避けることはで

160

きない。悪意で他者を傷つけようとしているのではないかもしれないが，自分の受ける環境やしている事をよく観察してみると，私たちの行為は欲望を満たすために他の衆生を傷つけ，騙し，心を軽視して，業果を考えない無明から出ていることがわかる。これらの行為こそが，経典でいわれる五濁悪世の行相である。

　日常和尚が慈心基金会を通して無農薬，無化学肥料の有機農法を推進し，福智の事業を展開していったのは，非常に深い智慧と慈悲に基づくものであり，それはまるで，アティーシャが中華圏に再来されたような感じも受ける。最も円満なる教法によって私たちの正報の心身と依報の環境を高め，大師の聖教を受け入れられる最良の器となるようにと願われてのことだった。

経典の暗誦，菜食は親子の情，仏道を学び儒学を学んで心を潤す

　日常和尚の中学生時代には，父親との緊密な学習過程があった。二人は学校内に寄宿し，毎朝とても早く起きて四書五経及び仏典の暗誦をしていた。そして菜食で，一日二食しか食べなかった。

　この時期，和尚は父親の全面的な一対一の教育を受け，非常に特別な知見を授かる。これらの知見の多くは一貫道の影響を受けたものであった。その頃，その地方には宗教は一貫道しかなかったからなのだが，和尚いわく，その時期に受けた最も深遠なるもののひとつ目は，父親の仏と仏法に対する信心であり，純朴な幼い心に仏法こそが正しい真理であるという種がしっかりと植え付けられたという。

　2つ目は，伝統的な儒教の内容に対する信心と希求であり，おのずとそれが生命の方向性となっていった。

　3つ目は簡素な生活である。この習慣は，和尚の一生においてずっと続けられたものだった。

　和尚は幼い頃に似非の仏法である一貫道に接したため，後に空性を学ぶときに，外道とは共通しない内道の，真に殊勝なる箇所に対して，「空性を学んだ後に振り返ってみたときに，内外道を若干識別できるようになった」といい，

それゆえに一般の人の認知を超えた堅固な信解を生じさせることができた。

　このような環境のなかで非凡な子ども時代を過ごし，大きくなってからは現代の科学知識を学んだ日常和尚は，それらをすべて仏道を学ぶことの大きな助力にしていった。業果からの観察は，正見を非常に深く把握している人だけが行えることである。日常和尚は非常に純朴で，人の話をよく聞き，親孝行で，両親に対しては深い愛情と信頼をいだき，全身全霊を傾けて年長者の導きを受け入れたので，時代の暗く煩悩に汚れた影響を受けることがまったくなかった。これは日常和尚が自然に行ってきたことだが，実際のところ背後には，「命は永遠なり」という非常に深遠なる智慧と慈悲があったことが大きな力となっていたことであろう。

叔父に伴い訪台し教育を受け，よきご縁を得る

　母親や三番目の叔父は，日常和尚が引き続き世間の学校教育を受けるべきだという考えをもっていたので，その叔父が台湾に来るときに，日常和尚も一緒に連れて来られた。和尚は台湾に到着すると，昼間は仕事をしながら夜は進学のための補習校に通い，数年後に台南工学院（後の国立成功大学）に合格した。大学では土木建築を学び，その当時の留学の時流に合わせて英語も学ばれた。

　その後，日常和尚はこの土木や英語を学んだおかげで，２つの非常にすばらしい仏縁に出逢うことになる。そのひとつが，印順和尚の「報恩小築」での監督だった。大卒の出家者が少ない時代でもあり，専門が土木で実際の現場経験もあった日常和尚に白羽の矢が立てられる。その頃の工事現場では出家者は工事が分からないからと，いつも苛められていたが，和尚が現場に入ってからは，そこで働いていた人たちもいい加減にはできないことを知り，よく働いてくれた。だから印順和尚も非常に日常和尚を嘆賞し，特別な計らいで印順和尚の創建された「福厳精舎」に入ることができたのだ。

　印順和尚のご縁によって，日常和尚は台湾の仏教界において教理に非常に卓越した人たちと知り合い，印順和尚の弟子であられた仁俊長老との出会いを果たす。そして，日常和尚はこの仁俊長老について，「同浄蘭若」で３年間，厳

162

しい持戒精神を学ぶことになる。

　もうひとつのご縁は英語によるものであった。当時，アメリカの仏教会の沈家楨（仏教の護持者である企業家）が台湾において訳経院を設立し，漢文の経典を英訳したいという希望があった。すでに英文翻訳者は集められていたが，翻訳者に経典の内容を解釈する僧侶を必要としていた。こうして日常和尚と沈とのご縁が結ばれ，その後このご縁によって，和尚はアメリカへ赴くことになる。

　そして，アメリカに渡った日常和尚はチベット仏教に出会う。それは特にダライラマ法王が受け継いでこられたゲルク派の相承であり，そのご縁によって，後に台湾で『菩提道次第広論』を広めることになる。

慈悲，智慧の菩提道，多くの方便によって衆生を摂取

　日常和尚は，この一生で遭遇したこと，経験したすべてを，後の仏道の修行，心の昇華，教法をこの地に根付かせること，衆生を利益すること等の仏法事業を行う上での最大の糧としていった。これは，和尚の非常に特別な特徴のひとつでもあろう。

　日常和尚はこのように一生をまったく無駄にしない人であり，大学教育を受けたことも，以後の仏道修行に真の利益をもたらすものとなった。少し観察をすればわかるのであるが，普通の人がこうするのは本当に難しいのである。このような人生が送れたのは，前述したような業を為せる日常和尚だからこそだと思う。

　また，衆生を引接する方便を広く開くために，和尚は生命教育を内容とする全国教師セミナー（合宿方式）を開催し，社会で普遍的に受け入れられる道徳教育，儒教思想，儒教経典の暗誦，健康的な生活，環境の保護，有機無農薬農法等をテーマとして講義した。そして，主催者側の福智の僧侶やボランティアたちはどのような心持ちでこれに参加しているかというと，和尚のお教えに従って，成仏（心の完成）のための資糧を積み，自他が仏法に入ることを助け，特に大師によって伝えられた教法に入ることを願ってセミナーのお手伝いをしているのである。なぜなら，このような業を為せば，来世においてもこの業の

果を得ることができる。誰かが有機農法について紹介してくれることも可能で
あろう。誰かが儒教思想を教えてくれることもあるであろう。こうであれば，
私たちが来世においてまだ仏法に接することができなくとも，速やかに仏法を
学ぶ良好な基礎を築くことができる。私たちは和尚に導かれて，これらを人々
に与えて慈悲と智慧の果を得るのである。和尚は，非常に心細やかな指導をな
され，たとえ仏法を理解せず，信じない者であったとしても，一人ひとりが乗
り越えて将来は最高の境地へと向かえるようにと導いた。これがまさに，真の
慈悲と智慧である。よって，導かれた人たちはその生涯を全く無駄にすること
なく，最後にはそれらを成仏の資糧といく。これもまた，道次第の教えの最も
勝れた作用なのである。

昼夜を通しての十万念仏，ダライラマ法王に初対面し業果を悟る

　中国には，「昼夜を通しての10万称」という言葉がある。それに対して
1910年代に，「古人はお念仏を10万称といったが，これはかなりの誇張。自
分でも試してみたが毎日頑張っても5〜6万回しか称えられない」といった者
がいた。しかし和尚は，「昼夜を通して確かに10万回称えられる」と自ら証明
したのである。どうやって称えたのだろうか。寝ているときもはっきりとお念
仏申したのである。だから，睡眠時間を除いた昼間だけ懸命に称えたとしても，
確かに5〜6万回しか称えられないが，寝ている時もはっきりとお念仏申した
ならば，本当に10万称がかなうのだそうである。

　日常和尚は出家したばかりの頃，こんなにも懸命にお念仏を申したのであ
る。それともうひとつだが，お念仏を始めてからしばらく経ったときに，ある
境界が現れ，椅子，机等のこの世の万物でお念仏を申していない物はないとい
うことを悟ったのだ。この他にもたくさんの現象が現れたが，これらはすべて
和尚の過去世からの修行の習気を示すものであったといえよう。

　アメリカに渡った日常和尚にとって最も重要な事は，チベット仏教に触れた
ことである。チベット仏教に触れてすぐに，中国仏教にはない特徴を感じ取っ
た。その特徴とは，「相承」及び「相承」による不可思議な加持力と威力である。

164

　和尚はその時はじめて，仏法を学ぶということは，仏から現在に受け継がれた師によって伝えられる必要があることを理解した。途絶えることのない相承，このような相承にはまったく不可思議な加持があり，これに従って修行をすると，最後には仏と同様の円満なる悟りを得ることができるのである。また，受け継がれてきた教法について和尚は，「源泉の活きた水」という一言で表している。

　日常和尚は，チベット仏教の四大教派それぞれの法王に会った後，最後にゲルク派の教法に従うことを決め，ダライ・ラマ法王に依止するが，そこに至るまでには特別なご縁があった。和尚が初めてダライ・ラマ法王に出会ったのはニューヨークのカトリック教会において対外的な講演をされた時であった。和尚は法王に会う前の晩，自分が教会の中に入り，わずか数名が舞台前の一列目の席に座り，舞台上の人が目を光らせて会場を見渡している夢をみた。2日目，教会に入ってみると，会場が満席だった点は異なるが，教会の様子は夢とまったく同じだったそうである。

　その日の法王は最初に「実際に人と人との間には『隔てるもの』など何もなく，心の垣根を取り払えばコミュニケーションは潤滑となる」と説いている。和尚はその言葉を聞いて非常に歓喜し，その言葉の後ろは通訳の関係で聞き取れなかったが，心は深い法喜に満たされた。その後，会場から出て広場にいた鳩をみたとき突然，その鳩がどのような業ゆえに鳩になったのかをはっきりと知ったのである。それゆえに和尚は，「『広論』の内容が突然明らかになったのは，法王からの加持をいただいて智慧が開かれてからのことだ」と語られている。

師の加持によって示された素晴らしい教え

　こんなにも円満なる功徳を示されていた日常和尚が私たちに強く伝えたかったのは，教えを受けた師から加持を授かる，または「ラムリム」に説かれる「師に依る」ことをしっかり実践したならば，一切の功徳を非常に容易く得られるということだった。この背後には多くの重要な意味が含まれる。実は業果とい

うものは，「極隠晦法」で理解するものである。「極隠晦法」と「顕現法」とには，どのような違いがあるのでだろうか。「顕現法」は五官，五根が直接対応するもの，つまり舌で感じたり見たり聞くことのできるもの，「隠晦法」は目でみられませんが推測によって理解するものである。たとえば直接触れたりみたりできなくとも，外で雨が降っている場合，外の木の葉が濡れていることは推測できる。

　では，業果はどうなのだろうか。五官を通してもみえないし聞こえない。推測も不可能である。ただ釈尊に対する円満なる信心に基づいて，釈尊のお教えに従ってしっかり学んでいった後，資糧が十分に積まれたならば自ずと理解でき，信じることができるようになる。したがって，人が業果を深く信じて，業果に対して確信をもつことは，空を理解するよりもずっと難しいことなのだ。だが，日常和尚は初めて法王に出逢ったとき，業果を深く確信する加持を頂いたのだ。業果は持戒の根本である。業果を通達してこそ戒をしっかり守ることができる。カダム派の相承によると，煩悩を調伏し，清らかな律儀を守るには，業果に対する確信が基礎となる。戒律を重んじたツォンカパに対し，アティーシャは帰依と業果で衆生を導いた。

　以上のように，法王が和尚に与えたのは「相承の加持」というこの上ない加持であったのである。

　和尚は，「この一生で菩提心を深く感じ取ったのはインドでの法話会の時で，法王の加持を授かってはじめて生起した」と語られ，空に対する正見については，「般若経を読誦していて，ツォンカパ大師，ダライラマ法王，アティーシャ尊者に祈ったときはじめて生起した」と語っている。和尚はこのように，「師に依る」ことから加持と成就が得られることを体験された。

　日常和尚は，「師に依ること」が最も重要であるとの考えを，上座法師や幹部の法師に限って説き，その他の人たちには語らなかった。これが和尚の特徴でもあり，やり方でもあったのである。師として，いかなる時も私たちを利益しようとの思いがあり，条件が揃っていない人たちに対しては語ることはなかったのである。

　和尚は，この「師に依ること」を伝えるために，啓発的な数多くの失敗談を語り，これを聞いた人たちが自分の失敗した道を二度と行かないようにと，祈った。

菩提道次第広論の相承

　病気がちであった日常法師は，世間の成功を捨て，仏法上でのきわめて得難い各種の修行の体験にも執着せずに遠くインドにまで赴いた。当時，中国とチベット間では深刻かつ複雑な問題が横たわり，言葉も通じず，物質がきわめて困窮しているという状況だったが，辛酸をなめて，やっとのことで上師に円満なる教法『菩提道次第広論』を授かる。だが，ツォンカパのこの教法を弘めようとする過程では数多くの誤解，誹謗，懐疑，冷淡な仕打ちに遭遇し，この教法を受け入れる福徳のない衆生たちに心を痛めて，落涙することもあった。和尚には念仏，修行の体験，教えを学ぶことや持戒での成就もあったが，その和尚が選択したのは，自分の命を懸けてあらゆる努力を惜しまず，衆生にとって最も良いものをこの世に残すことだった。その願いゆえに，大師の円満なる教法を世間に弘め，長くこの世に留めようと尽力してきた。

　和尚は，自分の人生によって，『広論』に説かれる菩提道の道以前の基礎，下士道，中士道，上士道，縁起から空性へと入る道を示され，実現不可能な難しい環境において実践を続け，いくつもの困難に向き合いながら，福智の事業を展開していった。サンガの設立から，『広論』を弘め，生命教育を施し，有機農法の促進に努め，福智の小学校から大学，及び終身教育に至るまでの完全な計画をとおして，私たち一人ひとりが道次第に相応する資糧を積むのを助けようとしたのである。

　2004年10月15日，日常和尚が円寂された後，和尚の功徳を褒め称えられて送られたダライラマ法王のお言葉をここに記す。

　「日常和尚は姿がこの世にあった時もみえなくなった今でも，発願の力と業の力によって教法をこの世に根付かせる努力を続けられている。」

　「人生の後半を費やして築き上げられてきた事業は，見栄えのよさではなく，

仏教全体を考慮して創られたものだった。」

「命は永遠なり。」尽きることのない生死輪廻なかで，最大の保障となるもの
は，恩師との約束を真心をもって守り続けるかどうかに係っている。この一生
で，私たちが法に従って師に依止して物事を行い，供養や修行をし，速やかに
円満に戻って来られる恩師をお迎えしようという心があれば，来世もまた，恩
師は尽きることのない功徳と事業で私たちを迎えてくれることであろう。

恩師がどのように私の手をきつく握ってくれたのかを永遠に忘れず，その手
を絶対に放しはしない。

私は「負けてばかりの将軍」──日常和尚の法話

私はいつも自分に向かって，「私は負けてばかりの将軍だ」といっている。
人が「百戦百勝」といえば，私は「百回負けても退かない。戦い続ける」とい
う。その後はどうなるのだろうか。

一戦するごとに敗北。ですが私は敗北後に喜びを感じ，戦い続ける。戦えば
戦うほど喜びが増すのである。こうやって戦い続けていけば，勝利を勝ち取る
日もいつかくるだろう。戦いに喜びを感じ，敵の喜びを克服し，打ち負かされ
ても喜ぶのだ。なぜであろうか。

私は心地よい場所に落ち着こうとは思わない。煩悩と戦い続けたいのだ。そ
のために，いま精進し，精進するが故に，打ち負かされても自分がしている事

写真資-3　日常法師と得度式（剃度法会）に参加される僧侶

が正しいならば幸せである。これは非常に重要なことである。こうできるなら
ば，自分を悩ますものは何もないことに気づくはずだ。

十善社会を共に築くための事業と活動

【財団法人台北市福智佛教基金会】

　日常和尚が仏法の研鑽と弘法に力を尽くしたのは，釈尊の聖なるお教えを後世に伝え，僧俗二衆が仏法によって生々世々進歩していくことを心より願っていたからであった。その願いにより「財団法人台北市福智佛教基金会」を創立し，在家信者たちが師，法，友という良好な環境の中で仏法を学べる場を築き上げたのである。

　日常和尚は，仏法というものが，人々の心を高めるためのとても貴重な価値をもつことを深く知り，弟子たちには『菩提道次第広論（ラムリム・チェンモ，悟りへの階梯大論）』や『南山律在家備覧略編』を主に学ばせた。また，在家信者が徐々に仏法の正しい知見を得て，生活のなかでそれを実践していけるようにと各種の短期講座を開催するほか，海外に多くの学習拠点を設けた。2018年現在，10万人を超える会員が福智で学んでおり，その会員たちは十善社会を広げるために，自分のいる国々の必要に応じた福祉的活動に取り組み，手に手を取り合って円満なる成仏大道を歩んでいる。

写真資-4　『菩提道次第広論』等の福智の書籍

【福智文教基金會】

　教育は人類の浮き沈みの重要なカギであり，その浮き沈みは心（マインド）によって決まる――こう考えられた福智の創始者・日常和尚は，教育の方向性

は心を主とし，知識や技能はそれを助けるものと定義した。基金会は，1997年の設立以来，心を高めるための各種活動を行っている。そしてそれらの活動を通して，一人ひとりが正しい価値観を確立し，生活のなかでそれを実践していくなかで，あらゆる人々が幸せと安寧を感じて，社会が善と調和で満たされることを願っているのである。また，基金会では，教師の教育に対する情熱を向上させ，喜びを感じてくれる教師を育てるために，完璧な教師育成コースを開催し，次世代における良好な教育環境の構築に力を尽くしている。さらに成人教育においては生涯学習を促進し，健康で愛と希望に溢れる家庭や学校をつくり，親を大切にする善良な社会を築くという理念を国際社会に向けて発信しているのだ。

【福智教育園區】

　完全なる心の教育は，良好かつ全面的な教育環境のなかでこそ実現できる。

　「環境，即ち教育」という理念に基づく日常和尚の指導のもとで，長い時間と努力を経て，2003年，雲林県古坑郷の地に教育園区が開校された。教育園区では，小学部から高等部までの知徳をそなえたバランスある教育を施し，将来的には大学，大学院を加えた一貫教育の完成を計画している。また，社会の各層にまで及ぶ生涯学習をも視野に入れ，有機農業及び生態環境の保全を含めた真の教育の場となることを目指していく。日常和尚は，将来，教育園区を通して論語の言葉にあるような「老人に安心を与え，友とは信じ合え，子には慕われる」という理想的な社会が広がることを願われていたのだ。

　2003年9月に小学部と中学部が，2006年には高等部が正式にスタート，その創立に臨み，日常和尚は，他の学校とは異なる学校を創るために中核となる目標を「崇高な人格の確立」とし，身体と心の全人教育を目指しながら，「聖賢となる人材」「国を安定させる人材」「社会を安定させる人材」を育てようとされたのである。

　一般の学校でもっとも難しいとされるのは，親，師，学生の人間関係である。学校によっては学校側，教師会，父兄会の3つの柱が互いに衝突を起こし，教

育の方向性が揺らいで偏ってしまうということもある。親，師，学生間の調和
については，福智の小中学校では特に，よい教師，よい学生，よい父兄，よい
教材，よい教えという「5つの良好」を掲げて，良好な学習環境を共に創り上
げることを強調している。

【財団法人　慈心有機農業発展基金会】

1.　創立の縁起

　1980年代〜1990年代，台湾では大量の化学肥料，農薬，除草剤などの毒を
田畑に散布し，大地から元気を吸い取り，多くの生きとし生けるもののいのち
をむやみに奪ってきた。

　大悲を懐となす日常和尚は，猛毒の農薬に触れた畑の大蛇や山ネズミたちが
皮膚を裂き肉をむき出しに死んでいる有様を農夫から聞き，「動物も惨殺され
るというのに，人が害を受けないことがどうしてあろうか？」と涙を流しなが
ら悲しまれた。

　それゆえに1995年10月25日，日常和尚は嘉義県の朴子農場において最初
の有機の種を撒き，無農薬農業の新しい時代を切り開いたのである。日常和尚
は，「今日はちょうど光復の日（日本の統治が終わり光を取り戻した日）。私たち
の力を結集して，共に大地に元気を取り戻させ，健康で調和のある社会を築こ
う」と語られた。

　その後1997年，日常和尚の大悲心のなかで「慈心有機農業発展基金会」が
創立された。「慈心」は，台湾の各地に有機の種を撒き散らし，それと同時に
永続的な生態と環境の保全に取り組みながら，社会の人々の健康に心を寄せ，
大地に愛を送り，あらゆる生きとし生けるものの生命に寄り添う活動を続けて
いるのだ。

2.　基金会の使命

　心身の健康を促進し，円満なる人生を築く

　大地に元気を取り戻させ，後世の人々のためになることをする

慈心の事業を発展させ，真心をもって信じ合える社会をつくる

3. プロジェクトの推進

　長い間「慈心」は，活動，講座を通して健康と環境生態保護の理念をより多くの人々に分かち合い，同じ理念をもつ非営利団体，環境保護団体，政府機関と協力してきた。そしてこれが，かつて世間に見られなかった有機産業との提携事業にまで発展し，元来は対立関係にあった経済と環境保全とが手を結ぶという奇跡を生んだのである。

　プロジェクトを立ち上げてから手探りで行っていく過程では，みんなが成長を遂げる。「慈心」はこのような学びを得ながら，今後も六道有情の命を護るために「正しいことは実行する」精神を貫いていく。

(1)「石おじさんの蓮池」

　台北市立動物園との協力により，絶滅危機にあった「台北赤ガエル」の再生に成功。それと同時に蓮の有機農法による農民の生計を守り，生態系保全の模範として国際社会からも大きな注目を浴びた。

　2001年，動物園と農業委員会とが協力して「台北赤ガエル」の再生プロジェクトを起こした。そこで，石おじさんに農薬と除草剤の散布の停止をお願いしたが，花を見ずにカエルばかり気にしている若者を横目に，取り合おうとはしなかったのである。

　その後，何年もの間，雨のなかで蓮の花の収穫をしていた石おじさんは軽い脳溢血で倒れ病院に運ばれた。その入院中も蓮池を心配して，病院を抜け出しては大容器10個の農薬を撒いてから戻るというようなことがあった。

　動物園の林組長は，台北赤ガエルの再生には地区全体の教育が大切だと認識する。そこでその地区にあった小学校で教育セミナーを開催したところ，総務主任の大きな賛同が得られ，その後，主任と生徒たちの除草作業が始まり，しばらくして除草剤の必要がなくなった。2002年，動物園が農薬散布の停止の重要性を伝えますと，石おじさんは田のことを放棄するようになった。「その土地を借り切ってしまえばいい」という人もいましたが，それでは問題の解決

にはならない。経済発展と生態保全の対立から抜け出してこそ業者の継続的経営が実現し，生態系が一息ついてこそ長久の計となるのである。

そこで理念をともにする「慈心」に協力を求めることになる。「慈心」は当初，石おじさんとは深く語り合えないことを知り，心を尽くしておじさんの蓮池を手伝うようになった。ボランティアたちが友人関係を築きながら，石おじさんの心を開いていったのだ。

2003年夏，害虫の被害がひどくなりましたが，その後数ヵ月してその天敵が出現し，このように生態系はバランスを保ちながら再生していった。その年，台北赤ガエルは順調に増加，石おじさんの蓮の花はとても小さいものでしたが，「慈心」を支えている「里仁（全国展開している店舗）」での「蓮を買ってカエルを救おう」活動が功を奏して，喜んで買ってくれる消費者がたくさんいたのである。

動物園の林は，この再生劇をみて多くのことを学び取り，次のように語られた。「自分はこの件で利益を得たひとりである。今まで7〜8時間もかけてカエルの生態を観察し，成長をみてきましたが，石おじさんの苦楽の問題を解決しようとは思わなかった。自分は生態系の保全をやろうと堅く決めていました

写真資-5　台北赤ガエル

が，なにを手放すべきなのかを考えたことがなかったのだ。慈心のボランティアたちが真心で向き合って石おじさんの心をつかみ，それが他の問題を解決することになろうとは，まったく予想外のことだったのである」。

(2)「新北市坪林地区での水源浄化計画」と「台南・曽文ダムの水質保全」

新北市の翡翠ダム近くに位置する「坪林地区」は，特殊な地形であるのに加えて，東北の季節風が山脈にぶつかった後に北から吹き降ろす現象が起こる場所で，およそ600種類の植物，100種類の鳥類，21種類のカエル類，及び25種類の魚類が生息する恵まれた生態系を有している。これゆえに人々から「大

174

写真資-6　坪林地区の茶畑

自然博物館」と呼ばれているのである。

　現在その地区には 6500 人余りの人が住み，その約 8 割が茶農家ですので，季節が来ると家々が茶の摘採に追われ，各家庭で茶を製造し加工後に自家販売するという方式が採られていた。よって当地では，農薬，化学肥料，除草剤をたくさん散布し，水質や生態環境にも悪影響を及ぼしていたのである。

　2007 年，有機農法の推進から 10 年を経た「慈心」は，今後どのように有機農業を拡大していくべきかを思考していた。ちょうどその頃ご縁があって翡翠ダムの坪林地区を訪ねる機会があり，水源保護区における有機農法を思い立った。そして，その地で慣行農法から有機農法への転換を指導し，茶畑で使用される農薬や化学肥料を減少させて大台北地区の水資源とダムの保護を行うサポートを始めたのである。

　人の習慣を変えることほど難しいことはない。茶農家の方に納得していただくために，「慈心」は時間をかけてお茶農家を一軒一軒まわり，お茶を飲みながら農民たちとの関係を築いていった。

　茶農家が有機農法に転換するには大きな勇気が必要である。新しい栽培方法を学ぶだけでなく，2 〜 3 年の間，収穫がままならず，害虫の問題や除草の問題もあり生産量が大幅に減少することもある。だが，そういう過程において「慈心」はつねに関心を持ち続け，販売も含めたサポートをしていったのだ。

　当初，四代続いた茶農家兼村長や，故郷リターン者等を含めた 7 名の参入から，10 年後には 30 名が有機認証を取得，23 名がグリーン保全マークを取得するに至った。その他には各種の虫，鳥，カエルなどが集い，台湾からの消失が危ぶまれていた「翡翠樹カエル」もここに引っ越して来て繁栄するようになった。

　茶農家の人たちの生活や人生観にも大きな変化があった。もともとコックさ

んであった鄭さんは，両親とボランティアたちの生命を尊重する行動に心を打たれ，害虫を一匹一匹捕まえて放生することを学んだ。

台湾大学金融学部を卒業した陳さんも故郷にリターンして，他の茶農家とともに頑張っている一人である。陳さんは「金融業界は『あなたが儲かるのでなければ私が損をする』のは当たり前だが，有機農業は自他ともに得をする産業で，農民には収入を与え，水源の生態やみんなの健康にも役立つ」と語られた。そしてその思いを伝えるために，2017 年「慈心」とともにインドの「IFOAM 世界有機大会」に参加し，ダムを守る有機茶の物語を分かち合った。

また，阿里山郷の台湾最大のダム・曾文ダムの水質保全においては「瑪納有機文化生活促進会」と協力して原住民・鄒族の指導にあたった。この地では有機生産販売グループを組織し，有機生産技術と販売促進の指導を行うことで鄒族の人々が現地に残って山林を守り，嘉南地区の飲用水を清浄に保つためのサポートをした。

(3)「西宝地区における有機農法への転換」

2010 年，「タロコ国立公園（太魯閣国家公園）管理処」の委託を受けて，国立公園内にある西宝地区での有機農法への転換指導にあたった。5 年の歳月をかけて「慈心」はたくさんの人員とボランティアを動員し，まずは西宝地区の農民とのよい関係を築いていく。その後西宝地区は，台湾の国立公園における有機農法指導と生態保全とを結びつけた産業転換の最初の模範例となった。現在は，9 戸の農家，面積約 10 ヘクタールの農地が有機認証を取得し，並びにグリーン保全マークの認証も取得している。そしてこの方式は，玉山国立公園などにもすでに応用されており，有機産業の新たな方向性を見出すものとなったのである。

(4)「台南でのレンカクの保護」

2009 年末，台南・官田地区において大規模なレンカクの中毒事件があった。翌年の 2010 年，「農業委員会林務局」は「慈心」に協力を求め，台南・官田地

写真資-7　水草の上を歩くレンカクの親子

区の農民に農薬，化学肥料を使わない
ヒシと水稲栽培の指導を始めた。そし
てこれによって田に生息するレンカク
の毒死を防ぐことに成功した官田地区
は，経済と生態系の保全を結びつけた
グリーン保全の道を突き進んで行くこ
とになるのである。

　レンカクを守る生態系の保全と，経
済基盤となる作物のヒシとの共生共栄であるこの案件は，台湾において最初の
例となるほか，全世界の生態系保全分野をリードする例ともなるだろう。

(5)「南投での白魚の保護」

写真資-8　絶滅危惧種の台湾白魚

　2013年，「農業委員会水質保全局」の
委託を受けて，南投県埔里鎮一新社区に
おいて，農民の生計と生態系保全の両方
を確保する道を推進し，10余戸のマコ
モダケ畑に有機農法によるグリーン保全
を指導した。その結果，絶滅危機にあっ
た「台湾白魚」の保育に成功し，現在そ
のうち4戸がグリーン保育の認証を受
けている。このような環境を守る永続産業の形態には，「生産，生態，生活，
生命」の「四生」の内容が含まれ，それらを実現していくことが可能なのであ
る。

(6)「高雄・茂林におけるツマムラサキマダラの保護」

　越冬のために移動する習性をもつ蝶のひとつ，ツマムラサキマダラの保護の
ため，2011年より「慈心」は台湾ツマムラサキマダラ保育協会の要請を受けて，
「ツマムラサキマダラの生息地・茂林での産業転換指導計画」をスタートさせ
た。その間，茂林地区の21名の農民のマンゴへの農薬使用を減らす指導を行っ

た。最初は，6名の農民が有機農法に転
換しただけだったが，6年の月日を経た
今，すでに20名の農民がグリーン保全
の認証を取得している。2016年，気候の
関係でマンゴは花をつけず，収穫がまま
ならない困難に出遭いましたが，当地の
農民たちが大地を暖かく見守る精神を発
揮して，マンゴ林を1年休ませたのであ

写真資-9　ツマムラサキマダラ

る。すると次の年は緑でいっぱいになり，虫や鳥の鳴き声のなかでたくさんの
マンゴが実った。大地が最も豊かな生命力を人々の前に現してくれたのである。
　「慈心」と「里仁」は，農民一人ひとりの労を惜しみ，「里仁」の販路を使っ
て茂林の農民たちに最大の協力を施している。安定した価格で農民の生活を保
障するとともに，「ツマムラサキマダラの青いマンゴ」「野生マンゴのドライフ
ルーツ」「マンゴアイスキャンディ」等のたくさんの商品を生み出した。
　茂林におけるグリーン保全計画の推進は，生産者，販売者から消費者のつな
がりを見出し，農民の生計と生態系の保全の両方を実現するものである。今後
茂林が有機村という目標に向かって邁進し，共にこの貴重な山林の大地を護
り，現地の文化が代々伝承されて，より多くの生命が生き生きと輝くことを
願ってやまない。

(7)「海岸林植樹で台湾を護る」

　「慈心」の植樹プロジェクト総監督・程礼怡は，海岸林植樹に関して公益コ
ミュニケーション基金会より「義行賞」を受けた。この賞は，困難を恐れず，
社会的弱者を助け，社会に影響力を及ぼし，台湾に貢献した人に与えられるも
のである。
　「慈心」の程礼怡は国土を守るために極めて重要であるとされる海岸林植樹
の仕事に携わり，社会の人々が植樹によって環境を守る行動に加わるよう促
し，台湾の環境保護に関して実質的な貢献があったと評価され，林務局等から

写真資-10　海岸林の植樹

も推薦を受けて今回の受賞となったのである。

　公益コミュニケーション基金会からは最高の敬意をもって「言うは易く行うは難し。他者が危険であるときに手を差し伸べ，社会が必要としているときに身を張って行動された受賞者はとてもよい模範であり，台湾をより美しく調和のある場所にした」という言葉をいただいた。

　程は植樹で地球を護ることの重要性を伝えるだけでなく，現場に赴いて実際に指導し，平地での植樹から海岸林植樹までの難しい任務を果たし，苦労を厭わずに喜んで挑戦を受けて立った。2015年，基金会は，台湾の沿岸の環境や気候の衝撃，過度の開発等の原因で海岸線がひどく縮小し，国土や人の命，財産，安全に影響を及ぼしていることを知り，海岸林の植樹を重視してきた。海

写真資-11　植樹のために開発された「水ポット」

岸は暑すぎて水が欠乏し，風砂が激しく，植物の生長には全く不向きである。海岸林をつくって護ろうとするのにも困難度が高い。そのため，育林専門家の陳財輝博士は海岸林の難しさと不確定性を形容して「神のみわざ」といったのである。しかしながら海岸林の経験ゼロの程は自分の苦労を考えることなく，この難しい任務を引き受けたのだ。

　程は植樹技術を向上させ，仕事を順調に進めるために，同僚と一緒に欧州米国35カ国が承認するISA樹芸士のライセンスを取得し，海の劣悪な気候に耐え忍びながら南北を飛び回って現場調査を行い，植樹活動

を指導した。

　2017年には積極的に企業に協力して，海の劣悪な環境を克服する「水ポット」を発明し，これにより苗の生長を加速させ，生存率も9割アップさせることができた。そして，3年半で台湾の12県市の海岸線に31万5千の樹を植えることができたのである。

　また，2018年3月，「慈心」を代表してモナコに赴き，「兆樹運動起動」に参加し，みんなと共に，25年以内に1兆本の樹を植えることを宣言した。

【慈心有機験証股份有限公司（有機認証株式会社）】

　現代の農業は農薬，化学肥料，各種化学薬剤に過度に頼っているため，農産物が環境汚染の影響を受け，地力の衰退，水質の悪化，生態バランスの崩壊等を招き，人体の健康及び生活環境をひどく脅かす状況が起きている。また，日常生活で摂取する食べ物の70％が加工食品であり，味覚や外観を要求する私たちの飲食習慣に合わせて化学添加物を乱用した食品を長期的に摂取していることが，人々の健康に深く危害をもたらす結果を生み出しているのである。

　慈心有機農業発展基金会は，人々の健康を取り戻し，次の世代の子どもたちに清らかな土地を残すために，有機農産物及び有機農産物の加工品等に関する認証業務をスタートさせた。そして認証業務の発展にともない，2011年3月，評価及び認証業務を独立させて，それを専門に行う「慈心有機験証股份有限公司（慈心有機認証株式会社）」を設立したのである。その後，2011年12月27日，全国認証基金会の認定を受けて正式に有機認証業務をスタートさせ，2012年

写真資-12　有機認証

180

2月にはアメリカ合衆国農務省（USDA）の認定を受けて，国内で初めて，アメリカ合衆国農務省（USDA）の有機農作物及びその加工品等の認証業務を申請，実施する機関となった。

慈心有機認証株式会社は，国および国際基準に合わせた有機農作物の認証制度を確立し，これによって認証基準を向上させ，有機農作物の品質安定化を促進している。

「海岸クリーン活動—生きとし生けるもののために海洋廃棄物を減らす活動」

現在，クジラ，ウミガメ，ペリカン等の動物が海洋に捨てられたゴミによって傷を負ったり死んでしまった画像が世界中に流れている。福智では2016年より海洋廃棄物と日常生活の関連についての話し合いが持たれ，内部では「ビニール，プラスチック製品をなくす活動」を推進し，対外的には産業界，行政機関，学術界の協力による「海岸クリーン活動」を繰り返し実施してきた。それらの活動によって，私たちの便利な生活の背後には海洋の生態系への破壊もあることを考え，反省することを促しているのである。

環境問題は，日増しに深刻になっている。それを受けて，福智で長い間仏法を学んできた大学の教師たちによって，若者たちが社会の責任を担う智慧と勇気を育み，環境を永続させるという価値観を確立するための教育が始められた。そして，その教育をコミュニティーへと広げ，社会全体でビニール，プラスチック製品を削減し，さらには作らない生活観を築きあげようと尽力している。

写真資-13　新北市・金山沙珠湾海岸の
　　　　　クリーン活動

日常和尚らの思想の啓発を長期的に受けてきた教師たちは，生命教育（いのちの教育）の理念，行動による学習，現在重要視されている環境保護の問題とを融合させるため，並びに教育部（文部省に相当）が推進している大学の社会的責任（USR：University Social Responsibility）の実践計画に応じるために，環境教育についての学習活動をスタートさ

せた。その一例として 2019 年 5 月に実施された新北市・金山沙珠湾海岸の「ク
リーン活動」が挙げられる。この活動には台湾大学，台湾師範大学，台北科技
大学等の 6 名の教師及び大学生ら約 130 人が集まり，100 キロを超えるゴミを
収集した。学生たちはその活動を通して，生命教育の内容を日常生活に溶け込
ませ，心の奥深くに沁み込ませ，利他の精神を実践することができたのである。

　教師たちは，学生たちが心のなかに環境を永続させるという価値観を確立
し，地球に住むひとりとして社会的責任を考えられる人間となることを祈りつ
つ，この活動の広がりを願っている。

写真資-14　廃棄ストロー等が，ウミガメのいのちを奪う可能性があると教える絵

参考文献
福智の声：第 156 〜 157 期合併号 /2004 年 / 財団法人福智仏教基金会
2018 年利他，世界をより美しくする /2018 年 / 里仁事業株式会社
福智グローバルウェブサイト：https://www.blisswisdom.org/
財団法人台北市福智仏教基金会ウェブサイト：http://buddhism.blisswisdom.org/
福智文教基金会ウェブサイト：http://bwfoce.org/web/
福智教育園区ウェブサイト：http://bwedupark.org/
財団法人慈心有機農業発展基金会ウェブサイト：http://www.toaf.org.tw/
慈心有機認証株式会社ウェブサイト：http://www.tw-toc.com/big5/index.asp
福智サンガウェブサイト：https://bwsangha.org/
里仁ウェブサイト：https://www.leezen.com.tw/

※資料に用いている写真は，すべて福智関連サイトからの転載であり，福智教団から承諾の
　上，使用している。

執筆・研究協力者一覧

中国仏教編

塩入法道（第1章）　大正大学教授

郭娟（第2章）　華東師範大学社会発展学院社会福祉専攻修士課程教育センター副主任

韓暁燕（第2章）　華東師範大学社会発展学院教授

楊麗栄（第2章翻訳）　八戸学院地域連携研究センター准教授

茆海燕（第2章翻訳）　城西国際大学助教

大城早紀子（第2章日本語校正）　元大正大学職員

金潔（第3章・中国調査コーディネート）　大正大学教授

新保祐光（第3章）　大正大学教授

石川到覚（小括）　大正大学名誉教授

金群（研究コーディネート・通訳）　早稲田大学人間科学学術院教授

台湾仏教編

依来法師（第4章）　佛光山慈善院院長

吉水岳彦（第5章）　淑徳大学兼任講師

江連惠美子（資料篇編集翻訳・第4章翻訳・通訳）　現地研究協力者・在台湾日本人仏教徒

蔡家芸（第4章翻訳・通訳）　現地研究協力者・台湾人仏教徒

翁俊彬（通訳）　現地研究協力者・台湾人仏教徒

高平二三子（通訳）　現地協力者・在台湾日本人仏教徒

李美靜（アンケート用紙等翻訳）　研究協力者・在日台湾仏教徒

研究シリーズ　仏教ソーシャルワークの探求 No.7
東アジア地域におけるソーシャルワーク──中国仏教・台湾仏教編

2021年3月30日　第1版第1刷発行

監修者　郷堀ヨゼフ
編著者　藤森　雄介

発行者　田中　千津子

発行所　株式会社 学 文 社

〒153-0064　東京都目黒区下目黒3-6-1
電話　03（3715）1501 ㈹
FAX　03（3715）2012
https://www.gakubunsha.com

印刷　新灯印刷（株）

ISBN978-4-7620-3083-3

淑徳大学アジア国際社会福祉研究所　監修　郷堀 ヨゼフ

仏教ソーシャルワークの探求
研究シリーズ　　　　A 5判　上製